高等学校经管类系列教材

应用工程经济学

——基于 Excel 的数字化工程实践

汪　翼　编著

蔡建湖　刘春来　陈文冲　鹿红娟　胡晓青　韩嘉源　**参编**

西安电子科技大学出版社

内 容 简 介

本书共 13 章，分三个部分：第一部分为第 1～5 章，为工程经济学基础，包括对工程经济学课程的概述、Excel 应用基础介绍、资金时间价值概念介绍以及资金等值计算基础；第二部分为第 6～9 章，为工程经济评价的主体内容，介绍了单一方案和多方案工程项目的评价、决策问题；第三部分为第 10～13 章，为工程经济评价的补充部分，介绍了工程项目的财务分析、风险评价，并简要介绍了一些案例的分析过程。

本书可作为本科生及研究生学习工程经济学的教材或参考书，也可作为投资研究者、项目开发者等业界人员进行项目可行性分析中技术工作(Excel 建模、分析)的参考书。

图书在版编目(CIP)数据

应用工程经济学 ： 基于 Excel 的数字化工程实践 ／ 汪翼编著.
西安 ： 西安电子科技大学出版社, 2024. 8. -- ISBN 978-7-5606-7320-2

Ⅰ. F062.4

中国国家版本馆 CIP 数据核字第 2024PJ6790 号

策　　划　陈　婷
责任编辑　陈　婷　李　明
出版发行　西安电子科技大学出版社(西安市太白南路 2 号)
电　　话　(029)88202421　88201467　　　　邮　　编　710071
网　　址　www.xduph.com　　　　　　　　电子邮箱　xdupfxb001@163.com
经　　销　新华书店
印刷单位　陕西日报印务有限公司
版　　次　2024 年 8 月第 1 版　　　　　2024 年 8 月第 1 次印刷
开　　本　787 毫米×1092 毫米　1/16　　印　　张　9.75
字　　数　222 千字
定　　价　28.00 元
ISBN 978-7-5606-7320-2
XDUP 7621001-1
*** 如有印装问题可调换 ***

前　言

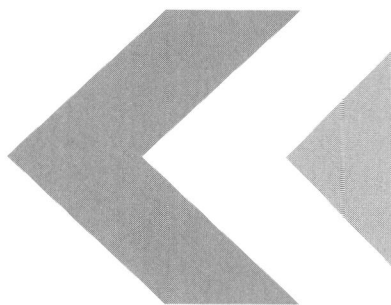

　　工程经济学将经济评价、财务分析等经济理论应用于工程项目经济评价与项目决策，从经济性角度出发来考虑工程项目的可行性。工程经济学也能够帮助人们理解现实生活中的现金流、利率等经济性相关概念。学习工程经济学不能仅仅停留于对理论知识的理解上，更为重要的是应熟练地运用相关方法解决实际问题。作者曾经就职于招商公司从事相关的工程项目经济性分析工作，深知现代社会的工程项目经济性分析更多地依赖于计算机工具，特别是表单软件。这正是作者编写本书的背景之一。

　　本书的另一个重要写作背景是作者近年来在工程经济学教学过程中实施的课改。出于提高学生动手实践能力的考虑，作者在教学中花费大量的时间培养学生运用 Excel 直接进行工程经济分析的能力。作者为课程提供了一系列的教学视频、案例材料、Excel 附件，并要求学生独立进行工程项目经济性分析(大作业)。这些教学实践也得到了学生们积极、热情的反馈。

　　本书正是基于作者多年的工程项目经济性分析的实际工作经验与教学经历，将工程经济学理论方法与计算机表单软件(Excel)应用相结合。相比于传统工程经济学教材，本书的特色在于：

　　(1) 将现代社会进行工程经济分析的工具 Excel 软件融于工程经济学的理论与方法之中，介绍了一系列在 Excel 中有效进行工程经济学相关计算的方法。

　　(2) 将一些基础的运筹与优化工具融合进工程经济学的内容框架之中。特别地，简要介绍了运用 Excel 工具求解数学规划问题的方法，并在一系列工程经济学问题中运用了这些方法。

　　本书共 13 章，分为三个部分：第一部分为第 1～5 章，为工程经济学基础，包括对工程经济学课程的概述、计算机工具基础介绍、资金时间价值概念介绍以及资金等值计算基础；第二部分为第 6～9 章，为工程经济评价的主体内容，介绍了单一方案和多方案工程项目的评价、决策问题；第三部分为第 10～13 章，为工程经济评价的补充部分，介绍了工程项目的财务分析、风险评价，并简要介绍了一些案例的分析过程。相比于传统工程经济学教材，本书特别增加了下述内容：

　　(1) Excel 应用概述(包括操作基础、单变量求解和规划求解)；

　　(2) 基于 Excel 的资金等值计算应用(运用 PV、FV、PMT 函数进行资金的等值计算)；

　　(3) 基于 Excel 函数的单一方案工程项目经济评价(运用 NPV、IRR 等函数对工程项目的经济盈利性进行计算分析)；

(4) 基于规划求解器的多方案工程项目经济决策；

(5) 基于 Excel 的敏感性分析(工程项目风险评价)；

(6) 基于 Excel 的蒙特卡洛分析(工程项目风险评价)。

本书从理解工程经济学知识入手，帮助学生熟练运用工程经济学知识解决实际问题。本书可作为本科生、研究生学习工程经济学的教材或参考书，以学以致用为目的，也可作为投资研究者、项目开发者等业界人员进行项目可行性分析中技术工作(Excel 建模、分析)的参考书。

本书主要由杭州电子科技大学汪翼编写；杭州电子科技大学蔡建湖、刘春来、陈文冲、鹿红娟、胡晓青、韩嘉源等老师参与了部分内容的编写、审核，并提供了宝贵的修改意见。杭州电子科技大学翁俊彦同学为书稿的各章节内容编制了相应的 Excel 电子表格。本书的编写得到了杭州电子科技大学校级教材建设项目、杭州电子科技大学管理学院"数字化管理创新"系列教材建设项目的资助，感谢杭州电子科技大学教务处、管理学院的支持。本书中一系列素材源于本人的工作经历、教学实践，也参考了大量的文献与相关研究成果，谨向参考文献的作者表示感谢。本书在准备与撰写之时，受到一系列业界人士及学者的帮助，特此感谢贺竹磬博士(招商局集团)、朱战国博士(南京农业大学)。最后，感谢杭州电子科技大学历年来选修"工程经济学"课程的同学们的积极反馈。

鉴于作者的水平有限，书中难免出现有待商榷的地方与不足之处，恳请同行与读者不吝赐教。

作　者

2024 年 4 月

目　　录 ///////////

第 1 章
概　　述

1.1 ▶▶▶ 工程经济学的定义

  工程是人类运用数学和自然科学知识，改造大自然使之为人类服务的实践活动。工程实践往往需要投入大量的人力、物力和财力资源。在工程实践中，决策者常常会遇到工程方案的决策问题。例如，在项目开始之前，决策者需要决定是否投资该工程项目；在项目中，决策者需要在各种可行的方案、手段之间进行抉择。又如，制造企业会面临是否要投资开发某种新产品、应该采用何种方案建立生产线等决策问题；对于政府而言，会遇到是否修建一条公路、应该修建双车道还是四车道的公路等决策问题。工程师需要对他们所面临的工程项目问题寻找解决方案。在寻找解决方案时，仅从技术因素角度进行考虑是不够的，经济因素也应该得到同等程度的重视。

  项目决策的经济因素包括：不同方案可能需要不同程度的投资，并产生不同的日常运行成本和不同的经济效果。那么应该以何种标准来决定是否投资某个方案或者在多个方案中进行取舍呢？一般来说，我们希望选出技术上可行，经济上合理，以尽可能小的投入获得尽可能大的预期产出的方案。这正是工程经济学所要解决的问题。而对于个人、企业甚至政府而言，资金是有限的。如何使用这些有限的资金，决策者需要分析决策之后的预期后果，其中最重要的后果就是经济后果。

  工程经济学是为实现正确的投资、项目决策提供科学依据的一整套知识方法体系。工程经济学运用工程、经济、数学和财务相关知识交融形成的工程经济分析原理和方法，通过对可行工程方案的预期经济效果进行估计、计算、评价、比较和论证，优选出经济上有利的方案，进而为项目决策提供决策依据。

  与"工程经济学"相类似的概念有"工程经济分析""投资收益分析"等。

1.2 ▶▶▶ 工程经济学的应用

  如上一节所说，工程经济学的知识与方法的应用主要是从经济学角度定量分析某个工程项目是否可行，或者是比较各种工程方案的优劣。对于已经存在的工程项目，我们也可以运用工程经济分析的方法和思想，从经济学角度对其进行评估。需要注意的是，工程经济学所涉及的技术和方法同样适用于任何与投资收益分析有关的事物。所以，本书所涉及的工程经济分析除了适用于工程项目的经济分析外，也完全可以运用于个人的经济决策问题，例如房产或汽车的投资决策、保险购买决策等。

此外，本书所涉及的工程经济分析的原理、方法和技术，对于软件开发人员开发与工程经济分析相关的软件项目也是十分有帮助的。

以下是几个生活、工程中的例子，读者可以试着在没有工程经济学知识的情况下思考解决这些问题的方法和思路。

1.2.1 房贷问题

房贷问题是现代社会生活中常见的经济问题。无论是我们正在申请购房贷款，还是制订自己的购房计划，都要面临房贷问题。在申请购房贷款时，常见的问题是计算在贷款之后，每月需要缴纳的还贷额。在制订自己未来的购房计划时，购房者需在对自己每月还贷能力进行估计的基础上，计算自己可以贷款的数额。

例 1-1 王女士购买房产时，向银行贷款了 50 万元，并需要 20 年之内每个月等额还款。银行购房贷款的年利率是 5%，那么王女士每个月需要还款多少？

解答 打开 Excel 软件，在一个单元格内输入"= PMT(0.05/12,20*12,500000)"，之后按回车键，即可返回 –3299.78，意味着王女士每个月需要还款的金额为 3299.78 元。

例 1-2 张先生一家计划购买房产，并考虑向银行申请一定的购房贷款。他预计自己家庭在未来的 15 年内，每个月可以拿出 3000 元来支付月供。银行购房贷款的年利率是 5%，那么张先生一家购房时可申请多少房贷？

解答 打开 Excel 软件，在一个单元格内输入"= PV(0.05/12,12*15, 3000)"，之后按回车键，即可返回 –379 365.73，意味着张先生一家的借款额为 379 365.73 元。

这些是较为简单的例子，学完本书之后，同学们将会理解上述快速求解的原理，并可以解决更为复杂的问题。

1.2.2 网络贷款陷阱

随着网络的兴起，近些年来涌现出各种各样的网络贷款平台。有一些贷款平台给出一些看似合情合理的贷款条件，但是实际却有可能向贷款者设置一定的陷阱。如果读者掌握了工程经济学的知识，就能利用工程经济学的分析方法，识破这些陷阱。

例 1-3 某个网络贷款平台向社会提供一种贷款。这种贷款号称"年利率为 12%"，但是要求"先支付利息，再分期还本金"。

例如，借款 12 万元，实际上贷款者获得的现金是"本金扣除利息"：12 – 12 × 12% = 10.56 万元；贷款者需要在之后的 12 个月里，每月偿还"本金"1 万元。

请读者思考一下，这种贷款的真实年利率是多少？

解答 在 Excel 单元格 A1 输入 –10.56，在单元格 A2:A13 内都输入 1，之后在其他的某个单元格内输入"= IRR(A1:A13)*12"，按回车键后可得数值 24%，即这种贷款的年利率。

事实上，我们所计算的年利率仅仅是名义年利率。这个贷款项目实际年利率比名义年利率还要高，我们会在后面的章节中解释名义利率与实际利率的区别。

1.2.3 收费高速公路项目建设分析

工程经济最主要的应用领域自然是各种各样的工程投资项目，包括建筑、制造、矿业乃至各行各业涉及投资的项目。以下是一个高速公路的投资项目。

例 1-4 某投资公司欲在北美投资建设一条收费高速公路，有以下两种方案：

(1) 修建双向四车道的高速公路，需要投资 10 亿元。目前根据交通量估计每年可以收费 5000 万元(扣除运营成本后的净现金流)，预计交通量每年增长 5%(即收费总额每年增长 5%)，交通量饱和时每年收入可以达到 8000 万元。收费年限为 30 年。

(2) 修建双向六车道的高速公路，需要投资 15 亿元。目前根据交通量估计每年可以收费 5000 万元(扣除运营成本后的净现金流)，预计交通量每年增长 5%(即收费总额每年增长 5%)，交通量饱和时每年收入可以达到 1.2 亿元。收费年限无限。

请问对于该公司而言，哪种方案更为有利？

这个问题涉及更为复杂的工程经济分析，我们需要先了解相关知识和方法，之后再来解决这个问题。

1.3 工程经济分析要素

除了对已经发生的项目进行评估之外，工程经济分析的对象大部分是尚未实施的工程项目。因此，工程经济分析的时间框架大部分是一个从现在到将来的时间线。工程经济学分析项目的预期效益，是对未来效益的最大可能的估计。对项目未来效益的估计，主要包含以下四个要素。

1. 现金流

现金流指的是由于实施工程项目而产生的资金流数量，包括投入工程项目建设与运营的现金流投入(input)，以及由于工程项目实施而产生的现金流产出(output)。现金流用具有正负号的数值表示，一般情况下(同时具有现金流投入和产出的项目)，用负值表示现金流投入，正值表示现金流的产出。

2. 现金流发生的时间

现金流发生的时间对于工程项目的经济性也有着巨大的影响，对于一个项目而言，现在收到的 100 万现金流产出和预期 20 年之后可以收到的 100 万现金流价值自然是不同的。工程经济分析一般针对一个分析期(往往是工程项目的寿命期)进行分析。一般情况下，现金流发生的时间在这个分析期的初始、将来或者是分析期内的各个时间段内。

3. 利率

利率或利息率是借款人针对其所借金钱支付的代价，亦是放款人延迟其消费，借给借款人金钱所获得的回报。利率通常以一年期利息与本金的百分比计算。

4. 不同工程方案的经济价值评价指标

经济价值指标是指用于选择或者评价工程项目方案的指标，它可以反映工程项目的投资价值。这些价值指标主要有以下两类：

(1) 经济价值绝对指标：净现值、成本现值、净年值、成本年值、终值、投资回收期等。

(2) 经济价值相对指标：内部收益率、资本利润率等。

需要注意的是，绝对指标的量纲与现金流或时间相同。绝对经济指标体现了项目的绝对经济价值，其具体取值往往与项目的规模相关。相对指标与利率一样，是无量纲指标。相对经济指标往往可以体现单位投资的经济价值。

1.4 工程经济分析步骤

工程经济分析是以现金流分析为核心，但它也包含了一系列的其他相关工作：确定工程项目的备选方案、确定工程经济分析的目标、预测现金流、进行工程经济分析、风险评价等。工程经济分析的一般程序如图 1.1 所示。

确定方案和目标	通过问题描述和目标描述，确定可选工程项目方案(一个或多个)。
收集数据资料，预测现金流	进行项目相关的调查研究，收集有关技术、经济、财务、市场、政策法规等资料。根据现有资料，结合内外部环境，对项目现金流数据进行预测。
选择评价模型	根据项目要求，构建工程经济评价模型，包括项目方案的目标体系和约束条件，例如评价指标体系。
模型求解	基于预测数据和评价模型，运用工程经济分析方法，求解各个方案的具体经济指标，并进行比较分析，初步选择方案。
风险评价	在工程经济分析过程中，需考虑内外部环境不确定性对项目决策的影响，即风险评价(包括敏感性分析和不确定性分析)。
综合分析	在对方案定量分析的基础上，进一步采用定性分析方法，对方案进行综合分析和全面评价(包括技术、经济、社会、政治及生态环境方面的分析与评价)。
完善实施方案	选择最优方案后，进一步完善具体细节，进而在实际工程中实施。

图 1.1　工程经济分析的一般程序

工程项目现金流量大小和发生时间是对未来的预测，由于环境的变化和计划外事件的影响，这些预测与实际观察到的有所不同。当估计值与现实发生值差异较大时，工程经济分析将失去其现实意义。一方面，为了使得估计值尽可能地接近真实值，在现金流预测中需要一些科学的预测方法。另一方面，由于现实世界中经济事件自身的随机性质，现在估计的数量或时间与未来观察到的数量或时间之间的差异不可能在预测的过程中被完全消灭。所以，我们需要在风险评价中考虑这些不确定性对于项目决策的影响。

1.5 工程经济分析遵循的原则

在进行工程经济分析的时候，有一系列的原则需要遵循。

(1) 成本效益全面考虑原则：在进行工程经济分析的时候，要尽可能地全面考虑项目的成本与效益。例如，对于一些公共设施项目，不仅仅要考虑其经济效益，还要考虑其社会效益；而对于企业项目，不仅仅要考虑其直接效益(对企业效益的直接影响)，还要考虑其间接效益(对企业效益的间接影响，如对员工利益的影响等)；且对于企业项目，不仅仅要考虑其内部效益，还要考虑其外部效益(如对供应商、客户的影响)。

(2) 定量分析与定性分析相结合的原则：定量分析可以对项目的工程经济分析给出尽可能直观的结论，但仍需要结合定性分析才能对项目做出全面评价。

(3) 效益与风险考虑原则：不仅仅要考虑项目的盈利性，也要考虑项目的风险。

(4) 时间可比原则：对不同方案进行比较的时候，比较的时间尺度应该一致。

(5) 可持续发展原则：在工程经济分析中，还应当遵循可持续发展原则，考虑项目对社会发展、环境保护的影响。

概括而言，工程经济学是运用工程、经济、数学、财务相关知识原理，研究工程项目经济性的学科。工程经济学能应用于生活、工作、经济建设的方方面面，是一门应用性极强的学科。

习 题

1. 请尝试仅用你自己的常识、数学知识，解决例 1-1 中的问题。
2. 请尝试仅用你自己的常识、数学知识，解决例 1-2 中的问题。

第 2 章
Excel 应用概述

在进行工程经济学相关知识的介绍之前,本章简要介绍 Excel 表单(或者类似软件)的一些基础操作,为后续能将其应用在工程经济学中做好准备。若已经对相关操作很熟悉,或者课时不足,可以考虑略过本章内容。

2.1 Excel 操作基础

2.1.1 数据输入

1. 单一数据输入

在 Excel 的单元格中可以直接输入数据,数据可以是数值或者文字。对于数值,可在"菜单—数字"中选择相应的命令,更改其数值显示形式,例如百分比形式、科学记数法形式、保留多少位小数等。

2. 多个数据输入

在很多时候,我们需要在表单中输入大量的重复或者有规律的数据。Excel 支持一些便捷、快速输入大量数据的方法,即自动填充的方式。

(1) 一行或者一列重复数据的输入方式:在某个单元格内输入一个数据之后,用鼠标选定该单元格,鼠标箭头移至方格的右下角,出现"+"号之后,用鼠标左键选定,横向或者纵向拉动,可以产生一行或者一列相同的数据。

(2) 多行或者多列重复数据的输入方式:在(1)之后,选择一行或者一列单元格,纵向或者横向拉动,可以进一步产生多行或者多列相同数据(见图 2.1)。

图 2.1 通过自动填充输入重复数据

(3) 输入连续的整数：先输入初始的整数，选定该单元格，将鼠标左键移至方格的右下角，按住 Ctrl 键，出现"+"号之后，用鼠标左键选定，横向或者纵向拉动，可以产生一行或者一列连续的整数(见图 2.2)。

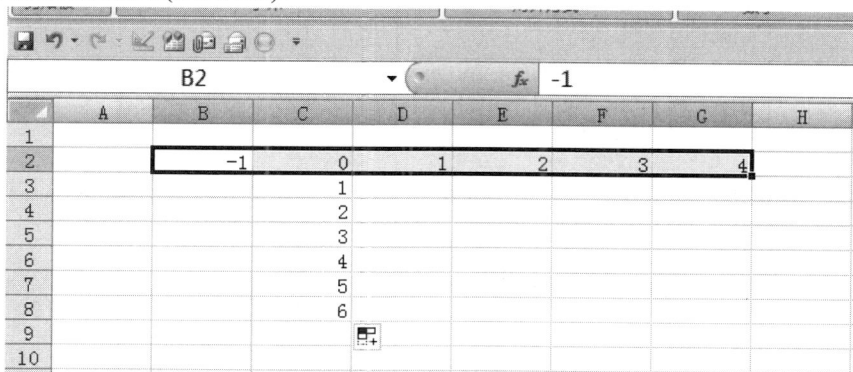

图 2.2　通过自动填充输入连续整数

(4) 对于等差数列、等比数列或更复杂的有序数列，主要有以下三种生成思路：

① 直接运用 Excel 的输入序列功能(只适合于等差或者等比数列)；

② 在自然数序列的基础上，通过计算生成；

③ 直接运用迭代计算方式生成。

后两种方式都需要运用到数据的计算，我们会在 2.1.4 节介绍。此处我们仅介绍方式①：首先输入序列单元格中第一个单元格的数值，之后框选系列数值的单元格，再在菜单→开始→编辑→填充中选择"系列"，并根据提示选择产生等比或者等差数列(见图 2.3)。

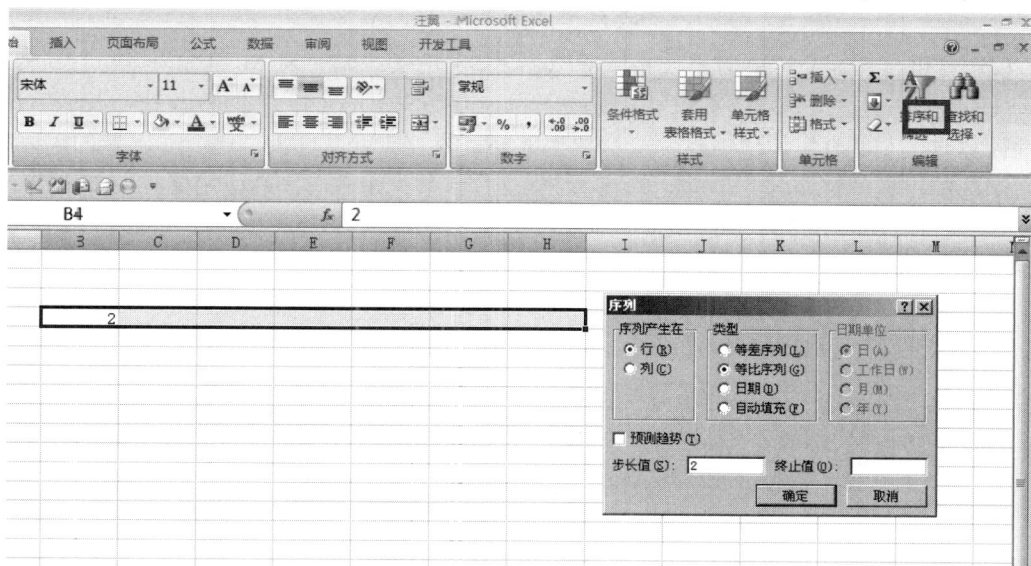

图 2.3　通过菜单命令输入等比数列或等差数列

2.1.2　公式与函数输入

Excel 的公式运算规则与输入顺序为：① 数据计算的输入必须以"="开头；② 计算

公式的编辑可在编辑栏中进行，也可双击单元格后进行编辑；③ 数据计算可以直接输入数值进行计算，更为强大的功能是可以引用表格中的其他单元格进行计算；④ 编辑完之后回车输出计算结果。例如，在单元格内输入"=50^2"，回车后可以返回数值"2500"。

Excel 提供了大量的数学、财务函数方便我们进行计算分析，包括工程经济学相关的函数。这也是我们需要在工程经济学的学习中加入 Excel 工具的重要原因。与工程经济学相关的 Excel 函数我们在学习完相应的知识方法之后会介绍。这里我们先介绍一些常用的数学函数：

(1) 取整函数 INT()：对放在括号内的数据 x 进行取整运算，运算规则是得到不大于该数的最大整数，如："= INT(5.8)"结果为 5；"= INT(-3.9)"结果为 -4 (见图 2.4)。

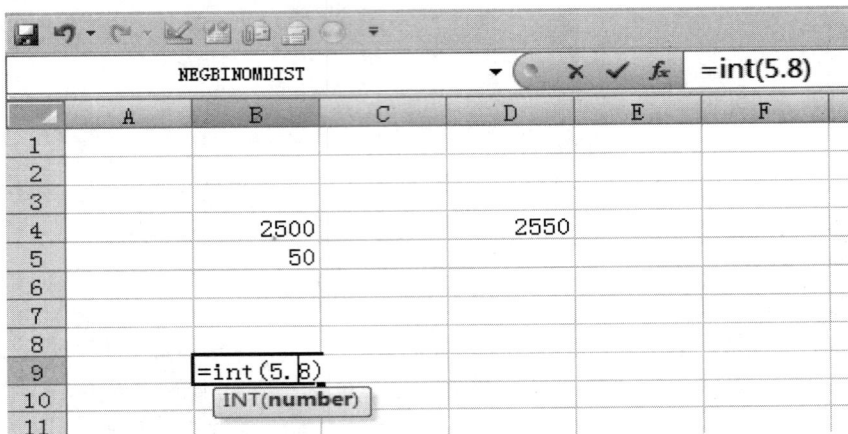

图 2.4　Excel 取整函数

(2) 求和函数 SUM()：对单元格区域数据求和，格式为"= SUM(单元格区域)"。例如："= SUM(A3:B4)"就是对"A3:B4"区域求和。需要注意的是：当我们需要对多个单元格进行计算时，为了避免烦琐地一个个选取单元格的操作，可以直接框选一片区域的单元格。而所框选的单元格区域是以"第一个单元格:最后一个单元格"作为引用名称，如图 2.5 所示，求和计算中选择的区域是"B4:E11"。

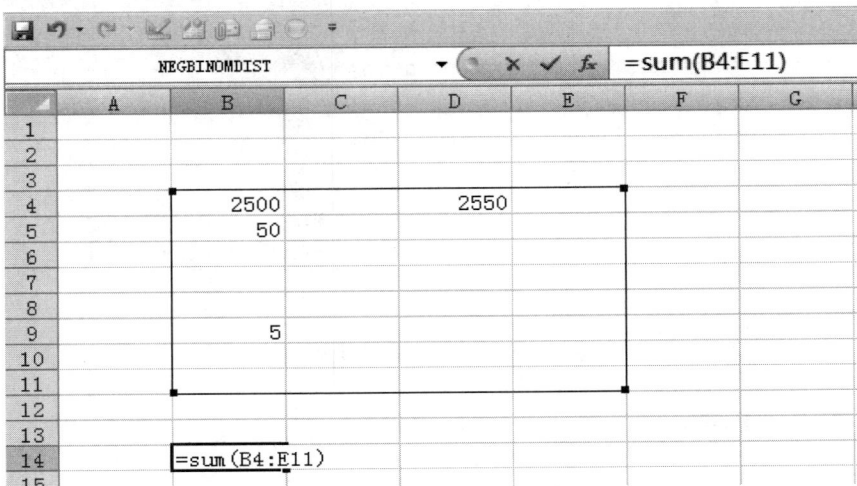

图 2.5　Excel 求和函数

(3) 求均值 AVERAGE()：计算一系列数据的均值，其用法与求和函数用法完全相同。

(4) 求最大值/最小值 MAX()/MIN()：计算一系列数据的最大值/最小值，其用法与求和函数用法完全相同。

(5) 随机数生成函数 RAND()：注意该函数括号中没有内容，但括号不能省，得到的结果是一个[0,1]之间的均匀分布随机纯小数。此外，本函数常用于生成更多其他分布的数据，例如：

= RAND()*100 可以生成[0,100]之间的数；

= INT(RAND()*100)可以生成[0,99]之间的整数；

= INT(RAND()*(b-a+1)+a)可以生成[a,b]之间的随机整数。

(6) 逻辑函数 IF()：逻辑函数的语法为"= IF (logical_test, [value_if_true], [value_if_false])"。该函数进行逻辑判断并返回相应逻辑计算的结果：如果"logical_test"为真，那么 Excel 在此单元格返回 value_if_true，否则返回 value_if_false。例如，在一个单元格输入"= IF(3^2<10,1,0)"，则单元格返回数值"1"。再例如，在一个单元格输入"= IF(rand()<0.5, "正面", "反面")"，单元格返回文本"正面"或"反面"的概率均为 0.5。

Excel 还可以生成如正态分布、指数分布等其他随机数，有兴趣的读者可以查询 Excel 的帮助文件学习具体方法。

2.1.3　单元格引用方式

更多的时候，为了完成工程经济分析的工作，我们需要对表格内的数据进行分析和计算，这就涉及单元格的引用。在上一节介绍函数的时候我们已经看到了如何引用单元格来进行计算，这一节将进一步详细介绍这个问题。

引用表格中的单元格进行计算时，引用的单元格名称为一个字母后面跟一个数字，表示所引用单元格的行列号(也被称为单元格的"名称")。例如，图 2.6 中计算的是 B4 单元格的平方根，指的是对第 B 列、第 4 行的单元格的数值计算平方根。需要注意的是，如果我们在计算中引用了单元格 B4，在编辑计算公式时所引用的单元格 B4 会被高亮显示，如图 2.6 所示。这给我们的帮助是，当进行复杂计算时，通过观察高亮单元格，可以检查我们所引用的单元格是否正确。

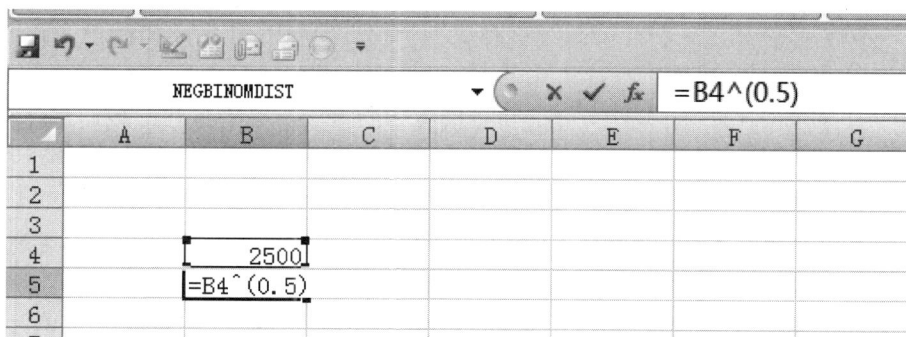

图 2.6　Excel 公式计算的单元格引用

在数值计算中引用了单元格名称时，通过复制粘贴或者是拖拉相应的单元格，可以在其他单元格也实现相同的计算，进而在大量数值计算过程中避免重复的公式输入。当使用的公式中有单元格名称时，称之为单元格引用，分为以下几种情况。

(1) 相对引用：公式中直接使用单元格名称，如 F3 单元格中的公式为"= SUM(B3:E3)"，当公式复制到 F4 单元格时，公式会自动变为"= SUM(B4:E4)"，即所引用单元格都平行下移一行；如果将公式复制到 G5 单元格，公式会自动变为"= SUM(C5:F5)"，即所引用单元格都平行下移二行、右移一列。相对引用公式变化特点是：公式中的单元格名称引用随目标单元格行列变化而发生相应变化(见图 2.7)。

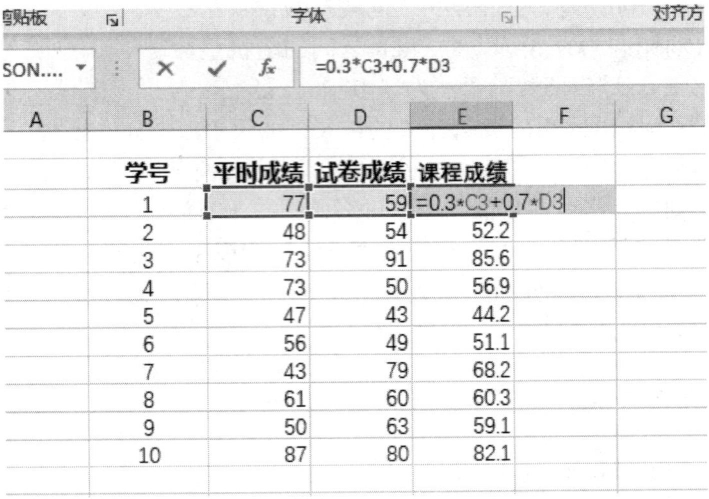

图 2.7　相对引用

例 2-1(相对引用)　已知一系列同学的平时成绩与考试成绩，需要计算这些同学的最终课程成绩(平时成绩占比 30%，考试成绩占比 70%)。

解答　我们只需要在第一个同学的课程成绩处输入相应的计算公式，采用相对引用的方式进行计算。之后自动填充其他单元格，则其他同学的课程成绩也会相对地引用其对应的单元格(见图 2.7)。

(2) 绝对引用：公式中引用单元格名称时，在单元格名称行号、列标前都加上"$"符号，这种公式被复制或移动到其他单元格时，公式不会发生变化。如 F3 单元格中的公式为"= SUM($B$3:$E$3)"，当公式被复制到任何地方时，公式计算所引用的单元格均保持不变。这种方式常用于多个单元格对某一个单元格值的引用。

在例 2-1 的问题中，如果平时成绩与考试成绩的占比会受到调整，我们在计算各个同学成绩时，需要引用关于占比的单元格。此时，引用占比的单元格需要采用绝对引用的方式(见图 2.8，注意其中对于成绩占比单元格的引用采用的是绝对引用方式)。

(3) 行绝对引用，列相对引用：公式中引用单元格名称时，仅仅在单元格名称行号(数字)前加上"$"符号。这种公式被复制或移动到其他单元格时，公式计算所引用的单元格行号保持不变，但是列会相应变化。如 F3 单元格中的公式为"=SUM(B$3:E$3)"，当该单元格复制到 G4 单元格时，公式会变成"=SUM(C$3:F$3)"。可以看到，所引用的单元格行号"3"没有变化，而列号都右移了一列。

(4) 行相对引用，列绝对引用：公式中引用单元格名称时，仅仅在单元格名称列号(字母)前加上"$"符号。这种公式被复制或移动到其他单元格时，公式计算所引用的单元格列号保持不变，但是行号会相应变化。

图 2.8　相对引用与绝对引用的结合

例 2-2（"行相对引用，列绝对引用"与"行绝对引用，列相对引用"）　运用 Excel 编制下述函数的曲面图(其中 x、y 均属于[0,10]范围内的数)：

$$z = \sin(x)+\cos(y) + \text{rand}()$$

解答　如图 2.9 所示，我们仅仅需要在一个单元格中编辑计算公式，并确定引用关系；之后便可以将该公式拖至整个表格，通过引用关系，可以计算出不同 x 和 y 对应的函数值 z；进而插入曲面图即可得到函数的三维曲面图像。

图 2.9　例 2-2 的 Excel 公式计算中的引用（前三步)

步骤 1：生成连续变化的 x、y 的值，其中 x 为一列数值、y 为一行数值。

步骤 2：在第一个单元格根据前述公式计算函数 z 的值。

步骤 3：调整该公式的引用方式，具体而言，引用 x 计算时，采用"行相对引用，列绝对引用"、引用 y 计算时，采用"行绝对引用，列相对引用"方式(前三个步骤见图 2.9)。

步骤 4：自动填充至其他单元格。之后选择数据、插入曲面图即可(见图 2.10)。

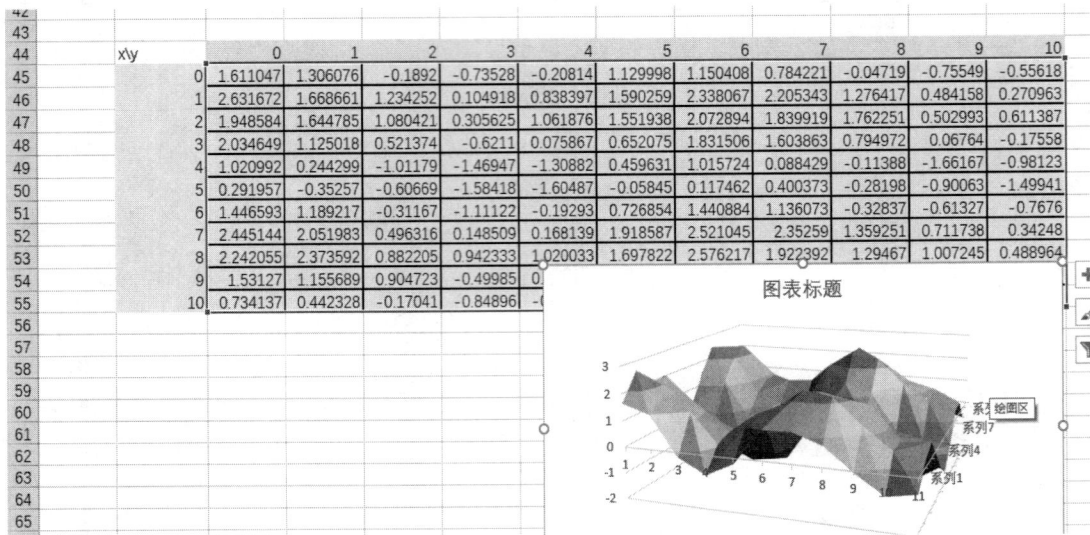

x\y	0	1	2	3	4	5	6	7	8	9	10
0	1.611047	1.306076	-0.1892	-0.73528	-0.20814	1.129998	1.150408	0.784221	-0.04719	-0.75549	-0.55618
1	2.631672	1.668661	1.234252	0.104918	0.838397	1.590259	2.338067	2.205343	1.276417	0.484158	0.270963
2	1.948584	1.644785	1.080421	0.305625	1.061876	1.551938	2.072894	1.839919	1.762251	0.502993	0.611387
3	2.034649	1.125018	0.521374	-0.6211	0.075867	0.652075	1.831506	1.603863	0.794972	0.06764	-0.17558
4	1.020092	0.244299	-1.01179	-1.46947	-1.30882	0.459631	1.015724	0.088429	-0.11388	-1.66167	-0.98123
5	0.291957	-0.35257	-0.60669	-1.58418	-1.60487	-0.05845	0.117462	0.400373	-0.28198	-0.90063	-1.49941
6	1.446593	1.189217	-0.31167	-1.11122	-0.19293	0.726854	1.440884	1.136073	-0.32837	-0.61327	-0.7676
7	2.445144	2.051983	0.496316	0.148509	0.168139	1.918587	2.521045	2.35259	1.359251	0.711738	0.34248
8	2.242055	2.373592	0.882205	0.942333	1.020033	1.697822	2.576217	1.922392	1.29467	1.007245	0.488964
9	1.53127	1.155689	0.904723	-0.49985							
10	0.734137	0.442328	-0.17041	-0.84896							

图 2.10　例 2-2 的 Excel 公式计算中的引用(步骤 4)

确定哪个绝对引用哪个相对引用时，可以采用下述思考方式：可以观察到，所有 x 数据都在第 B 列，因此 B 列"绝对"引用，应固定住 B 列；同理，可观察到数据 y 都来自第 44 行，因此第 44 行"绝对"引用，应固定住第 44 行。

综上，我们在行号 44 和列号 B 前面增加一个绝对引用符号"$"。也就是说，当我们遇到相对引用和绝对引用交叉的情况时，应观察所引用单元格是否都来自某一行(或者某一列)，如果是的话则在编辑计算公式时固定住这一行(或者这一列)即可。

2.1.4　通过单元格引用计算生成复杂序列

我们可以通过单元格引用的方式，快速地生成复杂序列。具体而言，生成复杂序列的方式有非常多种，此处介绍其中两种。

(1) 利用整数序列及相应的单元格引用计算，生成等差数列或者等比数列。

首先采用 2.1.1 小节中介绍的办法生成整数、自然数序列：0，1，…，N。之后我们基于有序数列与自然数之间的计算公式，采用相对引用的方式引用自然数进行计算，最后自动填充，即可生成相应的有序数列。例如，假设某城市第 0 年人口为 100(万人)，之后每年增长 10%，需要预测城市未来十年人口。根据假设知道，该城市各年人口为等比数列，比值为 1.1。具体而言，第 n 年的人口应为 100×1.1^n(万人)。我们可以先生成自然数序列：0，1，…，10；之后再选择另一列，进行相对引用的计算，并自动填充即可(见图 2.11)。

年份	0	1	2	3	4	5	6	7	8	9	10
人口	=100*1.1^C74										

fx　=100*1.1^C74

	B	C	D	E	F	G	H	I	J	K	L	M	N
	年份	0	1	2	3	4	5	6	7	8	9	10	
	人口	100	110	121	133.1	146.41	161.051	177.1561	194.8717	214.3589	235.7948	259.3742	

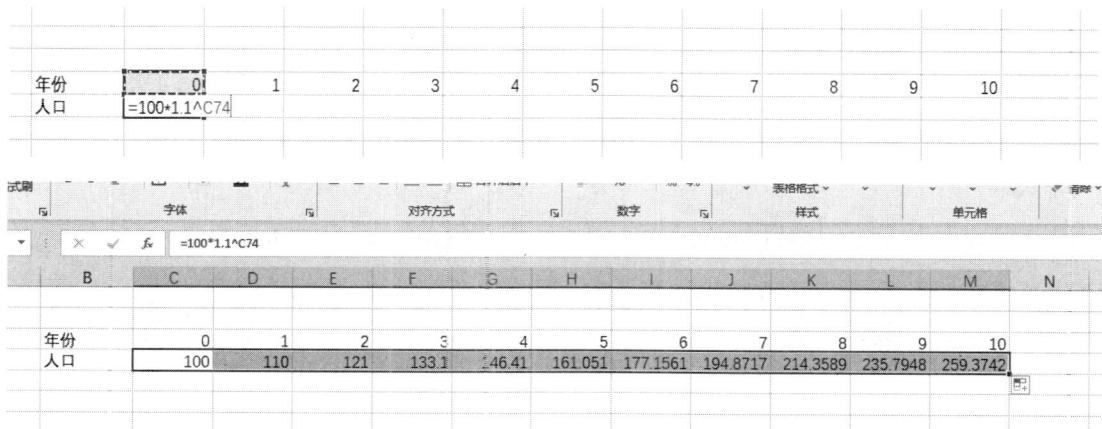

图 2.11　利用自然数序列计算生成等比数列

(2) 直接利用单元格引用计算，通过迭代生成等差数列或等比数列。

生成有序数列更为直接、高效的办法是采用迭代的引用计算。我们仅仅需要输入有序数列中的第一个数据，在其之后一个单元格根据迭代公式计算有序数列的第二个数据，之后再自动填充即可。例如，假设某城市第 0 年人口为 100(万人)，之后每年增长 10%，需要预测城市未来十年的人口。我们在第一个单元格输入数据 100；在后面一个单元格，根据迭代公式输入 "=前一个单元格*1.1"；之后将其自动填充至后续单元格即可(见图 2.12)。

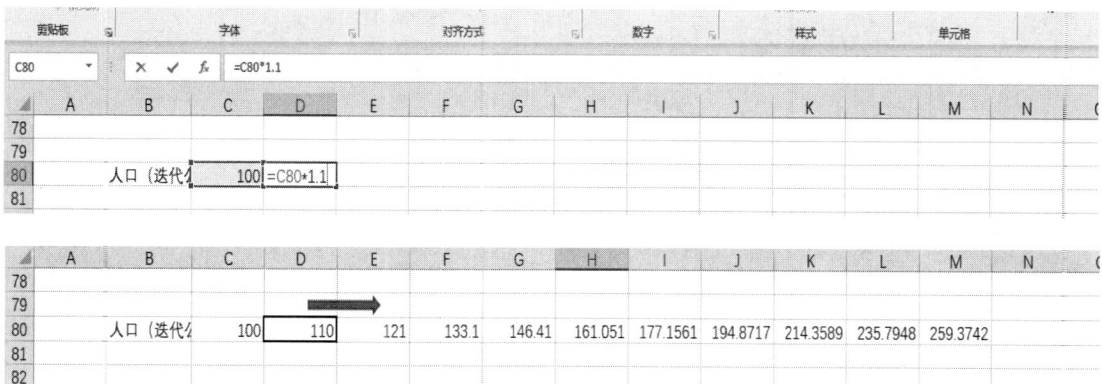

C80　fx　=C80*1.1

	A	B	C	D	E	F	G	H	I	J	K	L	M	N	
78															
79															
80		人口 (迭代	100	=C80*1.1											
81															

	A	B	C	D	E	F	G	H	I	J	K	L	M	N	
78															
79															
80		人口 (迭代	100	110	121	133.1	146.41	161.051	177.1561	194.8717	214.3589	235.7948	259.3742		
81															
82															

图 2.12　利用迭代公式计算生成等比数列

最后，我们通过下述例题练习生成复杂的有序数列。

例 2-3　创建复杂的数据列表。

步骤 1：生成 2020—2040 的年份数列。

步骤 2：生成 2020—2040 年的销售预测数据。

2020 年预测销售量为 1000 万元，之后每年增长 10%，增至 2000 万元之后保持不变。

步骤 3：生成 2020—2040 年的成本预测数据。

2020 年预测成本为 500 万元，之后每年增长 15%，增至 1000 万元之后保持不变)

步骤 4：生成 2020—2040 年的毛利预测数据，其中

$$毛利 = 销售 - 成本$$

步骤 5：生成 2020—2040 年的累计毛利。例如，2030 年的累计毛利为 2020—2030 年的毛利之和。

对于步骤 1，可以直接运用生成自然数序列的方法，生成 2020—2040 的年份数列。

对于步骤 2、步骤 3，我们可以采用迭代公式，以销售预测数据为例(见图 2.13)，其迭代公式为

后一年的销售预测 = MIN(前一年的销售预测*(1+10%),2000)。

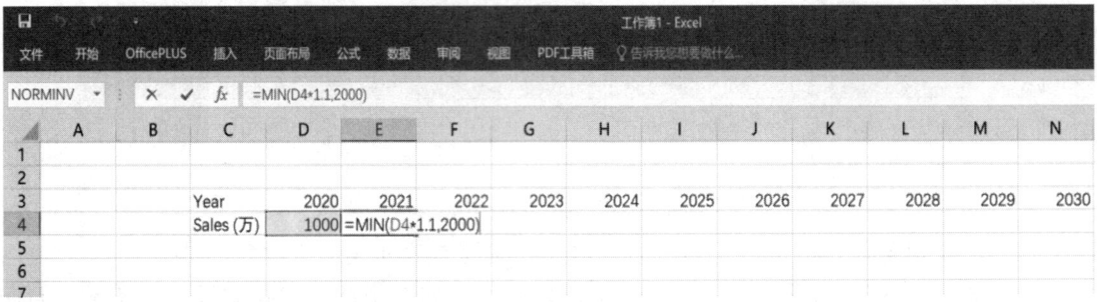

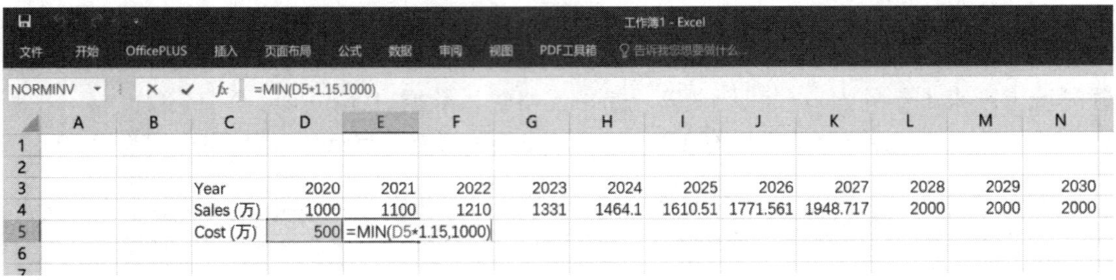

图 2.13　例 2-3 步骤 2、步骤 3

对于步骤 4，我们直接运用相对引用的方式进行计算(见图 2.14)。

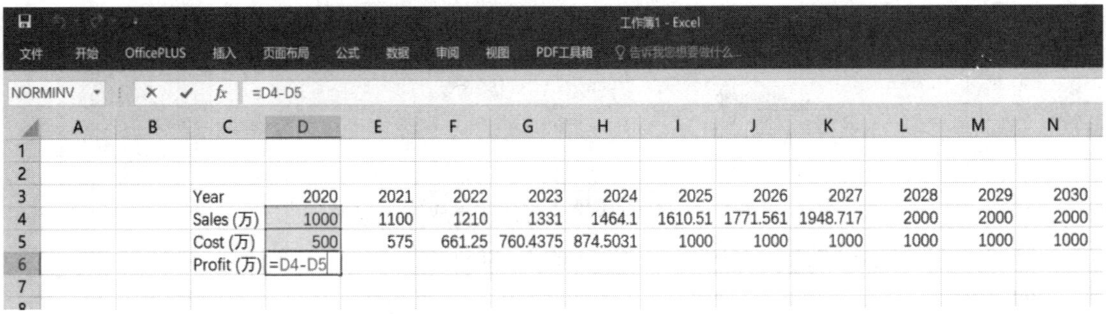

图 2.14　例 2-3 步骤 4

而对于步骤 5，我们依旧可以采用迭代计算的思路。具体而言，第 2020 年的累计毛利即为当年毛利，从 2021 年开始，累计毛利可以采用下述迭代公式进行计算：

第 N 年累计毛利 = 第 $N-1$ 年累计毛利 + 第 N 年毛利

根据上述思路，我们先计算第 2020 年累计毛利，之后计算 2021 年累计毛利(根据迭代公式)，最后通过自动填充计算其余各年累计毛利即可(见图 2.15)。

図 2.15 第一个截图（公式栏 =D6，D7 单元格 =D6）：

	D	E	F	G	H	I	J	K	L	M	N
Year	2020	2021	2022	2023	2024	2025	2026	2027	2028	2029	2030
Sales (万)	1000	1100	1210	1331	1464.1	1610.51	1771.561	1948.717	2000	2000	2000
Cost (万)	500	575	6€1.25	760.4375	874.5031	1000	1000	1000	1000	1000	1000
Profit (万)	500	525	548.75	570.5625	589.5969	610.51	771.561	948.7171	1000	1000	1000
Accumulated Profit (万)	=D6										

第二个截图（公式栏 =D7+E6，E7 单元格 =D7+E6）：

	D	E	F	G	H	I	J	K	L	M	N
Year	2020	2021	2022	2023	2024	2025	2026	2027	2028	2029	2030
Sales (万)	1000	1100	1210	1331	1464.1	1610.51	1771.561	1948.717	2000	2000	2000
Cost (万)	500	575	6€1.25	760.4375	874.5031	1000	1000	1000	1000	1000	1000
Profit (万)	500	525	548.75	570.5625	589.5969	610.51	771.561	948.7171	1000	1000	1000
Accumulated Profit (万)	500	=D7+E6									

第三个截图（N19）：

	D	E	F	G	H	I	J	K	L	M	N
Year	2020	2021	2022	2023	2024	2025	2026	2027	2028	2029	2030
Sales (万)	1000	1100	1210	1331	1464.1	1610.51	1771.561	1948.717	2000	2000	2000
Cost (万)	500	575	6€1.25	760.4375	874.5031	1000	1000	1000	1000	1000	1000
Profit (万)	500	525	548.75	570.5625	589.5969	610.51	771.561	948.7171	1000	1000	1000
Accumulated Profit (万)	500	1025	1573.75	2144.313	2733.909	3344.419	4115.98	5064.697	6064.697	7064.697	8064.697

图 2.15　例 2-3 步骤 5

2.2　Excel 单变量求解

工程经济分析中有的时候需要求解一些方程，例如我们需要求解使得以下等式成立的 x：

$$f(x) = A$$

Excel 提供了这样的工具，在菜单"数据—预测—模拟分析"下拉框中，可以找到"单变量求解"工具。若我们需要求解方程 $5x^2 + 2x = 0.5$，具体步骤是：

① 将单元格 B2 设置为 x (该步骤无须做任何操作)；

② 在另一个单元格 D2，根据上述公式输入" =5*B2^2+2*B2"；

③ 打开"单变量求解"；

④ 设置目标单元格为 D2，目标值为上述式子值，即 0.5，设置可变单元格为 B2；

⑤ 点击"确定"。

之后，通过 Excel 内置的计算方法，在 B2 单元格显示使得 D2 单元格达到目标值的解 (见图 2.16)。

图 2.16　Excel 单变量求解

2.3　Excel 规划求解

2.3.1　数学规划

工程经济分析的许多基础问题本质上是数学规划问题。很多工程经济分析问题可以转换为求解数学规划问题。一个典型的数学规划问题的形式为

$$\min_{x_1, x_2} \left\{ f\left(x_1, x_2, \cdots\right) \right\}$$

s.t.:

$$g(x_1, x_2, \cdots) < a$$
$$h(x_1, x_2, \cdots) = B$$

一个典型的数学规划问题一般包括下述三个要素：

(1) 决策变量 $x_1, x_2, \cdots$：比如是否选择某个方案，生产产量的规划等。

(2) 目标函数 $f(x_1, x_2, \cdots)$：目标函数是由决策变量决定的目标值，也是决策最终想要优化的目标，比如成本、收益等。另外，对于某个目标，优化的方向可以是最大化(max)或者最小化(min)。

(3) 约束条件 $g(x_1, x_2, \cdots) < a$，$q(x_1, x_2, \cdots) = B$：决策变量的选取需要满足一些条件，比如说总支出不能超过预算等。

2.3.2　Excel 规划求解器

数学规划问题涉及非常多的学科，其求解的方法也非常多。我们不讨论这些具体的求解方法，仅仅介绍 Excel 中的相关工具，进而帮助我们求解数学规划问题。Excel 提供了求

解数学规划的一个工具——"规划求解器"。事实上，任何能够在 Excel 电子表单中计算出目标及约束的决策问题，都可以用规划求解器进行求解(见图 2.17)。

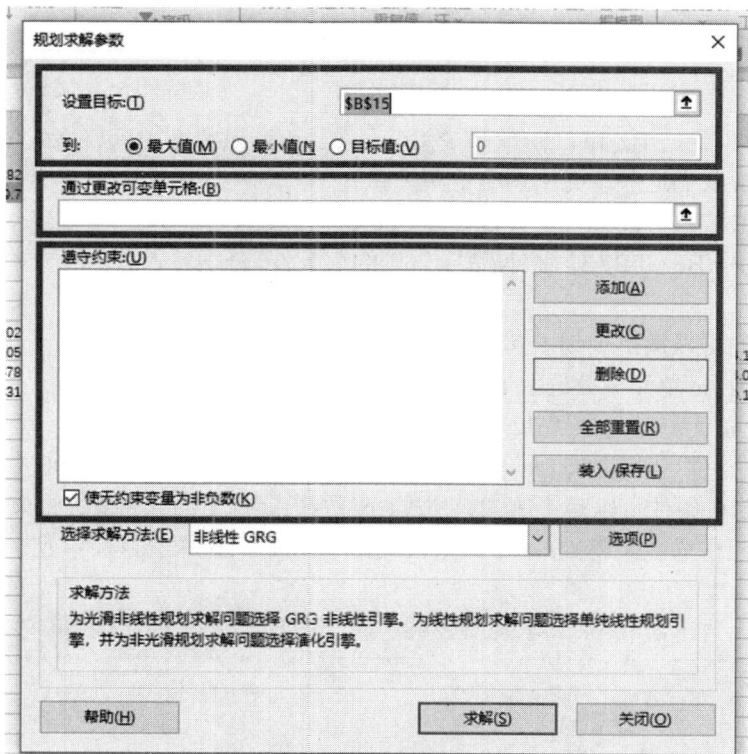

图 2.17　规划求解器界面

Excel 规划求解器的加载可以通过"开始—选项—加载项—装到—规划求解加载项"实现。之后，在菜单栏"数据—分析—规划求解"可以找到规划求解命令。点击之后，出现规划求解器界面。规划求解器界面主要包括三个部分(与数学规划的三个要素相对应)：设置目标单元格(目标函数)、可变单元格(决策变量)、约束(约束条件)。另外，目标值可以是最大化的值或最小化的值，甚至可以要求等于某一个值。

为了能够使用规划求解器，首先需要在 Excel 表中建立数学规划的模型。在表单中建模，即构建规划求解的三个要素，包括以下步骤：

(1) 规划出一些单元格放置决策变量；

(2) 根据决策变量计算出目标值；

(3) 根据决策变量计算出不等式约束条件的左右两边。

在此之后，我们可以调用数学规划求解器，并在相应的地方输入数学规划三要素，最后点击"求解"按钮即可。

下面以数学规划问题为例，说明如何在表单中建模以及在规划求解器界面输入数学规划三要素。

例 2-4　运用规划求解器求解下述优化问题：

$$\min_{x_1, x_2} \{3x_1 + 4x_2, \cdots\}$$

s.t.:

$$5x_1 + 6x_2^2 \leqslant 100$$
$$x_1 + x_2 = 20$$

解答 首先在表单中建模(见图 2.18):

① 规划出单元格 B2 和 C2,放置决策变量 x_1, x_2(通过修改单元格格式或在单元格旁增加注明,可提醒我们这些单元格内是决策变量);

② 在单元格 B4,根据数学规划目标函数输入公式" = 3*B2 + 4*C2";

③ 在单元格 B6 和 B7 处,根据数学规划约束条件,分别输入公式" = 5*B2 + 6*(C2)^2"和" = B2 + C2"。

之后,我们可以调用规划求解器:

① 在设置目标单元格处选取 B4,并选取等于"最小值";

② 在可变单元格处选取"B2:C2";

③ 在约束条件处,我们点击"添加",再根据提示,增加"B6<=100"和"B7=20"两个约束条件。约束条件可以是不等式、等式、整数约束、0/1 约束。整数约束格式为"INT",意味着目标单元格只能是整数;0/1 约束格式为"BIN",意味着目标单元格的值只能是 0、1 其中之一。

最后,点击"求解"。规划求解器会调用内部的算法,在 Excel 表单中给出问题的解。

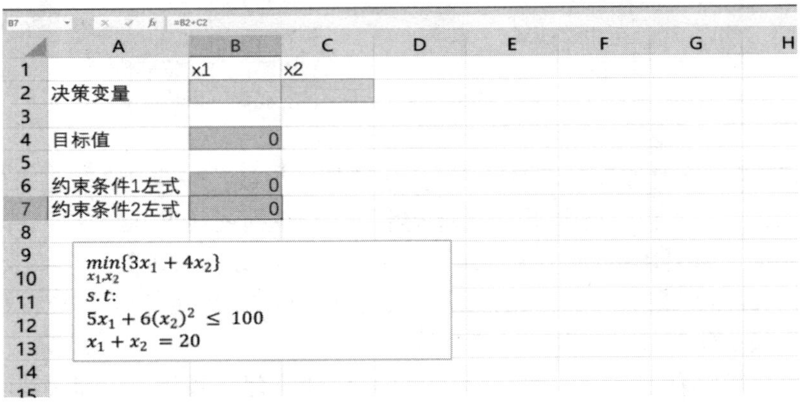

图 2.18 Excel 规划求解建模

需要注意的是,Excel 规划求解器并不能保证所求出的解是最优解。事实上,目前世界上并不存在一个可以保证对所有数学规划问题均能求出最优解的求解器。但就工程经济分析遇到的大部分问题而言,Excel 规划求解器提供了一个解决问题的工具。在本书之后的内容中将会经常使用规划求解器。

2.3.3 Excel 规划求解器求解复杂数学规划问题

在数学规划问题中,有些决策变量可设置为整数变量或者二进制变量(0/1 变量,即变量取值只能是 0 或 1)。在规划求解中,限制变量为二进制变量的约束表示为 BIN。这种建模方法可以用于求解复杂的组合优化问题。

一个典型的问题是背包问题,即如下例子。

例 2-5　某人有一个背包，被允许从一系列物品中选取一些物品带走，欲使得背包中物品价值之和最大，但是带走物品的重量不超过背包容量。具体参数如下：

6 件物品，标号为{1,2,3,4,5,6}；

物品价值分别为 $v = \{8,10,6,3,7,2\}$；

重量分别为 $w = \{4,6,2,2,5,1\}$；

现有 1 背包，容量为 15。

该背包可容纳物品的最大价值是多少？

解答　考虑上述数学规划问题的三要素，具体如下：

① 决策为"选取哪些物品"；

② 目标函数为最大化"背包中的物品价值之和"；

③ 约束条件为"选取物品的重量之和"不能超过背包容量。

为了可以在表单中对上述问题建模，我们需要将上述三要素表示为可以计算的形式：

① 我们可以设置 6 个二进制变量$\{x_1,\cdots, x_6\}$作为决策变量，$x_i = 1$ 表示第 i 个物品被选中，$x_i = 0$ 表示它没有被选中；

② "背包中的物品价值之和"可以这样计算：

$$T_v = \sum_{i=1}^{6} x_i v_i = x_1 v_1 + \cdots + x_6 v_6$$

③ "选取物品的重量之和"可以这样计算：

$$T_w = \sum_{i=1}^{6} x_i w_i$$

进而，我们可以开始在 Excel 表单中对上述问题进行建模。在此之前，可以将问题的相应参数先列在表单中(见图 2.19)。

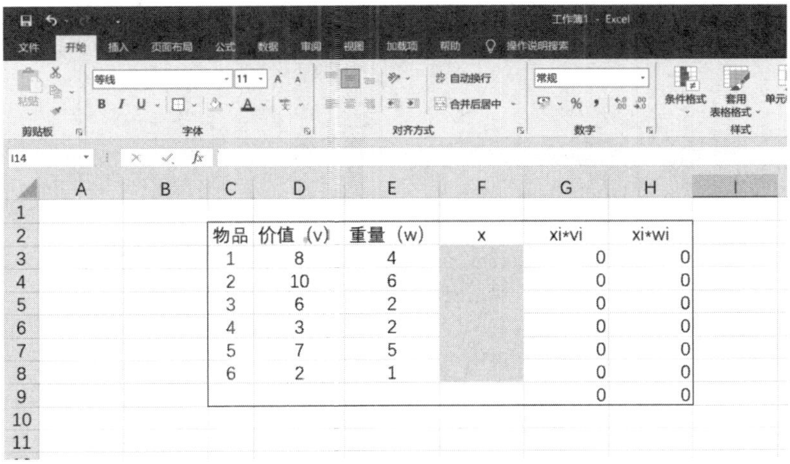

图 2.19　Excel 规划求解的表单建模部分

① 在合适的位置设置 6 个单元格为决策变量$\{x_1,\cdots, x_6\}$(将 F3:F8 设置为可变单元格)。

② 根据决策变量以及问题的参数，结合前述的目标函数计算公式，计算目标函数值(可

以分别计算 $x_1 v_1$, ···, $x_6 v_6$, 最后再加起来)。

③ 类似地，计算"选取物品的重量之和"这一约束。

④ 调用规划求解器，分别输入目标函数值、可变单元格以及约束条件，并点击"求解"即可进行计算求解。需要注意的是，约束条件除了"选取物品的重量之和"小于等于 15 之外，还需要额外设置"可变单元格都是二进制变量"这一约束(选取所有的可变单元格，并在"增加约束"选项中间下拉框设置为 BIN)(见图 2.20)。

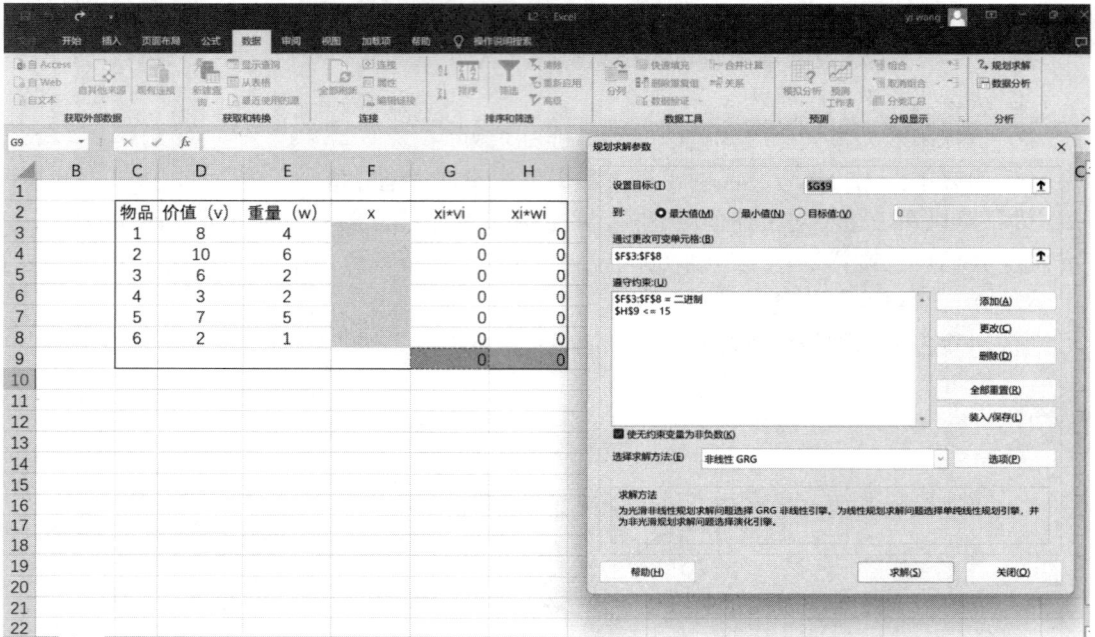

图 2.20　规划求解器设置

点击"求解"，即可得到该问题的结果(如图 2.21 所示，Excel 会返回对话框提示所得解是否为最优解)。

物品	价值 (v)	重量 (w)	x	xi*vi	xi*wi
1	8	4	1	8	4
2	10	6	1	10	6
3	6	2	1	6	2
4	3	2	1	3	2
5	7	5	0	0	0
6	2	1	1	2	1
				29	15

图 2.21　规划求解结果

习　　题

1. 创建如下复杂序列：

步骤 1：生成 2020—2040 的年份数列。

步骤 2：生成 2020—2040 年的人口预测数据。2019 年某城市人口为 540 万，预测 2020 年开始每年新出生人口为上一年总人口的 3%，预测 2020 年开始每年死亡人口为上一年总人口的 1%。各年人口遵循迭代公式为

某年人口 = 上年人口 + 本年新增人口 − 死亡人口

列出各年预测数据：① 人口；② 新出生人口；③ 死亡人口；④ 各年累计出生人口(例如 2023 年累计出生人口为 2020—2023 年出生人口之和)。

2. 请运用 Excel 绘制如下函数的图形：

(1) $y = 3x^2$，x 取值范围为 $(-10, -9, \cdots, 10)$；

(2) $y = x_1^2 + x_2^2$，x_1、x_2 取值可为 $-1, -0.9, -0.8, \cdots, 0.9, 1$。

3. 用单变量求解器求解方程：

$$3x^3 + 4x^2 + 2x - 10 = 0$$

4. 用单变量求解器求解下述方程：

$$1\,000\,000 = 120\,000 \frac{(1+r)^9 + (1+r)^8 + \cdots + (1+r)^1 + (1+r)^0}{(1+r)^{10}}$$

5. 用单变量求解器解决下述问题：

有序数列 $\{X_t\}$ 满足条件：$X_{t+2} = X_{t+1} + X_t$。

已知 $X_2 = 3$，$X_{200} = 300$，求解 X_1。

6. 运用 Excel 规划求解器解决下述问题：

$F(x, y, z) = -4x + 3y + 5z$，求 $F(x, y, z)$ 的最大值，约束条件如下：

$$x + y + z \leqslant 100$$
$$5x + 4y + 3z \leqslant 400$$
$$x + z \leqslant 150$$

7. 现有 5 个出租车与 5 个乘客，他们之间的距离见表 2.1。要把 5 个出租车分别调度分配给 5 个乘客。用规划求解器分析该问题：如何分配可使得所有出租车的行驶距离之和最短。(可以在 Excel 中查询 Index 函数的用法)

表 2.1　距　离　表　　　　　　单位：km

出租车	乘客 1	乘客 2	乘客 3	乘客 4	乘客 5
出租车 1	1	10	0	8	5
出租车 2	10	2	11	16	14
出租车 3	2	10	1	8	6
出租车 4	7	15	7	1	2
出租车 5	4	11	5	3	2

第3章
资金时间价值及相关概念

3.1 现金流

3.1.1 概念

现金流量(Cash Flow，CF)是指特定经济系统一定时期内现金流入和流出的数量。可以是对于项目未来发生现金流入流出的估计，或者是对于项目已经发生的现金流入流出的观察。流入系统的现金称为现金流入(Cashflow Income，CI)，例如销售商品、出售资产获得的现金；流出系统的现金称为现金流出(Cashflow Outcome，CO)，例如购买原材料、购买设备支出的现金。同一时间点上的现金流入与现金流出的差额称为净现金流(Net Cash Flow，NCF)，即 NCF = CI − CO。特定经济系统的现金流的"一定时期"一般指项目的寿命期。此外，对于整个寿命期，工程经济分析人员会按照项目的具体情况，将寿命期分为若干等长的时间周期单位(一般情况下以年为单位)。可以看到净现金流具有三个要素：大小、方向(正或者负)和时间。

对于不同的经济系统，现金流是不同的。需要注意的是，工程经济分析所遇到的"特定经济系统"包含两种系统：

(1) 工程项目整体，或者工程项目中某一部分(可以独立估算其成本效益)；

(2) 全部投资者或者某个特定投资者。

一般而言，工程经济分析研究的对象是针对工程项目整体，即分析工程项目本身的经济性。很多时候，我们需要从投资者的角度出发，研究作为投资者而言，投资某个项目是否具有经济性。项目本身的经济性和投资者投资该项目的经济性是密切相关的，但是又不是完全相同的。这两者的区别主要在于：工程项目整体的经济性分析一般不考虑贷款、利息。而对于投资者而言，这些因素有可能会对其投资的经济性产生巨大的影响。

工程项目整体作为"特定经济系统"时，它所面临的现金流主要与项目本身的经济特性相关，并不受到投资结构、贷款制度的影响。比如说，我们常常谈及的"某个项目具有较高的盈利性"，往往指的是工程项目整体作为"特定经济系统"时的经济性。但是即便一个项目本身具有较高的盈利性，对于投资者而言，当考虑了投资结构、贷款制度等之后，就不一定再具有盈利性了。本书主要介绍以工程项目整体作为"特定经济系统"的工程经济分析。在第 10 章，我们将介绍从投资者角度出发的经济性分析，即"财务分析"。

3.1.2　现金流的表示方式

现金流的表达方式需要表现出净现金流的三个要素：大小、方向与时间。较为常用的直观表达方式有以下两种。

1. 现金流量表

现金流量表即用表格的方式，表示项目的一定时期内的现金流大小、方向和时间。一般情况下，现金流量表至少包括四行数据：

(1) 时期：时期标记，一般以年为单位(如 2018、2019、⋯)。在没有特定说明发生时间时，从第 0 期开始计数(如 0、1、⋯)。

(2) 现金流出：本期时间点的现金流出，一般表示为期末值(也可以用负数表示现金流出)。

(3) 现金流入：本期时间点的现金流入，一般表示为期末值。

(4) 净现金流：即本期现金流入 − 现金流出(若现金流出用负数表示，则净现金流为现金流入 + 现金流出)。

在更为普遍的情况下，现金流入流出应包含更具体的项目。运用 Excel 可以快捷地对表进行分析和计算，因此表是基础而且普遍的表示方式。例如，如果对某一工程投资项目的现金流预测情况为：2020 年需要投资 1000 万元，2021—2030 年为经营期，预测每年各项成本费用为 200 万，营业收入为 500 万。可以编制如下的现金流量表表示该项目的现金流情况(见图 3.1)。

T	2020	2021	2022	2023	2024	2025	2026	2027	2028	2029	2030
现金流出	1000	200	200	200	200	200	200	200	200	200	200
现金流入		500	500	500	500	500	500	500	500	500	500
净现金流	-1000	300	300	300	300	300	300	300	300	300	300

图 3.1　现金流量表

2. 现金流量图

现金流量图反映的是一个经济系统的资金运动状态，一般只用来表示净现金流，无法表示现金流的具体项目。现金流量图把经济系统的现金流绘入一个时间坐标图中，表示出现金流入、流出与相应时间的对应关系。现金流量图可以形象表示现金流的三个要素。

(1) 横轴表示时间轴，将横轴按照分析周期 n 等分。每一等分表示一个时间单位，可以是年、半年、月或天。在没有特别说明发生时间的情况下，从 0 开始标记，时期序号标记于当期期末。因此，寿命期为 n 期的情况下，有 n 个等分，共有 $n+1$ 个刻度(从 0 到 $n+1$)。

(2) 与横轴垂直向下的箭线代表现金流出，垂直于横轴向上的箭线代表现金流入，箭线的长度与金额值成正比例。

(3) 箭线与时间轴的交叉点表示该现金流发生的时间。

如图 3.2 所示是一个典型的现金流量图。

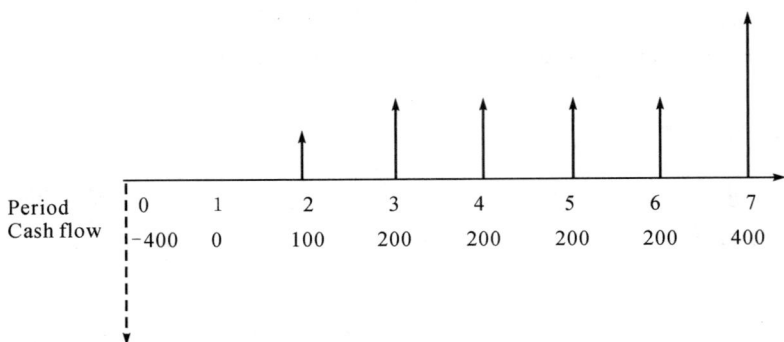

Period	0	1	2	3	4	5	6	7
Cash flow	-400	0	100	200	200	200	200	400

图 3.2 现金流量图

3.2 资金的时间价值：利息与利率

　　大部分的工程项目经济评价指标都体现了一个事实：运用资金可以随着时间的进展产生更多的资金，即人们都知道的"钱能生钱"。这就是资金的时间价值。资金的时间价值解释了世界上很多显而易见的事实，比如为何投资者有分红的权利，债权人有获取利息的权利。

　　资金具有时间价值，而时间价值的体现方式就是利息 I(Interest)或者利率 i(Interest rate)。在经济社会里，货币本身就是一种商品。利(息)率是货币(资金)的价格。利息是使用(占用)资金的代价(成本)，或是放弃资金的使用所获得的补偿。在数值上，利息就是一笔资金一段时间之后的价值与其初始价值之间的差额。例如，王二将 10 万元资金借予某人，三年后对方返还其 12 万元，那么这三年的利息就是 12 − 10 = 2 万元。需要注意的是，利息有两个方面的含义：支付利息和获取利息。当一个人或组织向别人借钱时，他需要支付利息；当这个人或组织借给别人钱时，他可以获取利息。

　　利率指的是在单位时间内(一个计息期，如年、月等)所得的利息与借款本金之间的比率，通常用百分比表示。利率的定义是从利息的定义中衍生出来的，涉及利率最基础的计算方式，是根据利息和本金来计算的。假设 P 为本金，I 为单位时间内产生的利息，则利率 i 为

$$i = \frac{I}{P} \times 100\%$$

　　计算利率的时间单位被称为计息期，一般来说一个计息期指一年。但对于一些短期的项目而言，计息期也可以为一个月甚至是一周或一天。在没有特别说明的情况下，本书所谈的计息期指一年。

　　需要注意的是，利率除了上述的具体某个项目的经济定义之外，还有更为广泛的社会定义的利率。社会定义的利率指某一个社会，人们心目中资金的价值。社会定义的一个重要体现就是银行利率，银行利率和利息不完全是资金时间价值的全部体现。但是一个社会

具体的利率高低取决于整个社会复杂的经济、社会因素。一般来说，不同时间，不同国家、地区，甚至不同行业，利率水平常常不一致。

一般情况下，回报率(收益率)是用下述公式进行计算：

$$回报率(收益率) = \frac{单位时间内获得的报酬}{初始投资} = \frac{I}{P}$$

可以看到，利率与回报率(收益率)本质上是统一的。从借用资金并付出利息的角度出发，上述公式体现的是利率；而从拿出资金并获得回报的角度出发，这体现的是报酬率。因此，在本书中，很多时候并不区分下述一些概念：利率、基准报酬率、基准收益率、基准折现率。

3.2.1　单利与复利

利息计算有单利和复利之分。当时间为一个计息周期时，单利和复利并无区别。当时间超过一个计息周期时，需要区分单利和复利。

1. 单利法

单利法是指仅对本金计息，利息不生利息。单利法下，给定利率 i、本金 P 和计息周期数 n，其利息为

$$I = P \times n \times i$$

2. 复利法

复利法是指当期利息计入下期本金一同计息，即利息也生息。复利法下，给定利率 i、本金 P 和计息周期数 n，其利息为

$$I = P \times (1+i)^n - P$$

例 3-1　存入银行 1000 元，年利率为 5%，存期 5 年，分别运用单利法和复利法求本利和。

解答　单利法下，本利和 $= P \times (1 + n \times i) = 1300$ 元；

复利法下，本利和 $= P \times (1 + i)^n = 1338.23$ 元。

同一笔资金，在利率 i、本金 P 和计息周期数 n 相同的情况下，复利法计算出来的本利和要比单利法计算出来的本利和大。因为单利法的利息额仅仅由本金产生，新生利息不产生利息。工程经济分析中，只有在特定的情况下，对于短期的分析采用单利法分析；在没有特别说明的情况下，工程经济分析默认使用复利法分析。

3.2.2　名义利率和实际利率

银行对外所宣布的利率一般以年为单位。例如银行告诉我们活期存款利率为 1%，贷款利率为 6%，这些利率指的是年利率。但是银行在计息的时候，常常以月为单位进行计息。这就是利率的时间单位与计息周期不一致的情况。若采用复利计息，会产生名义利率与实际利率不一致的问题。上述银行对外公布的利率均为名义利率(r)。银行实际上以月份为单位计息时，月利率是 $r/12$。名义利率指计息周期利率与一年内计息次数 12 的乘积。而实际利率(i)应该按照利率的定义进行计算，即一年产生利息数除以本金。

在单利计息条件下，可以验证：

$$实际利率 = 名义利率$$

但在复利计算条件下，可以看到：

$$实际利率 = \frac{单期利息}{本金} = \frac{P \times \left(1 + \frac{r}{12}\right)^{12} - P}{P} = \left(1 + \frac{r}{12}\right)^{12} - 1 \neq 名义利率$$

在复利条件下，如果每年的计息次数是 n 次，可知实际利率为

$$实际利率 = \frac{单期利息}{本金} = \frac{P \times \left(1 + \frac{r}{n}\right)^{n} - P}{P} = \left(1 + \frac{r}{n}\right)^{n} - 1$$

根据上述公式，我们可以在 Excel 表中计算每天计息、每小时计息、每秒计息条件下的实际年利率(见图 3.3)。

名义年利率为：		6%
	计息次数	实际利率
每月计息	12	6.17%
每天计息	360	6.18%
每小时计息	8640	6.18%
每分钟计息	518400	6.18%
每秒计息	31104000	6.18%

图 3.3　实际利率与计息次数的关系

在工程经济分析中，如果遇到利率的时间单位和计息期不同的情况，可采用以下两种方式解决问题：

(1) 可以把全部的时间单位都设置为计息期的单位，并以计息期利率(r/n)作为分析的利率。这一方法将使得所需要分析的周期数大幅度增加，但是在现代计算机的帮助下，依旧能够非常高效地进行分析计算。

(2) 计算出实际利率，再以实际利率作为分析的利率。

3.2.3　连续计息

考虑这样一个问题：如果对于某一名义利率 r，其单位时间内的计息次数 n 可以是无穷多次(可以看作是每分每秒都在计息)，那么其单位时间的实际利率是多少？我们运用前述实际利率的计算公式，让计息次数 n 趋向于无穷大，可以得到：

$$实际利率 = \lim_{n \to \infty} \left(1 + \frac{r}{n}\right)^{n} - 1 = \lim_{n \to \infty} \left[\left(1 + \frac{r}{n}\right)^{n/r}\right]^{r} - 1 = e^{r} - 1$$

这种连续计息的情况符合客观现实，但是可操作性较差，因此大部分见于理论研究中，较少运用于实践中。我们可以通过 Excel 表格比较连续计息与每秒计息的实际利率，结果

见图 3.4。

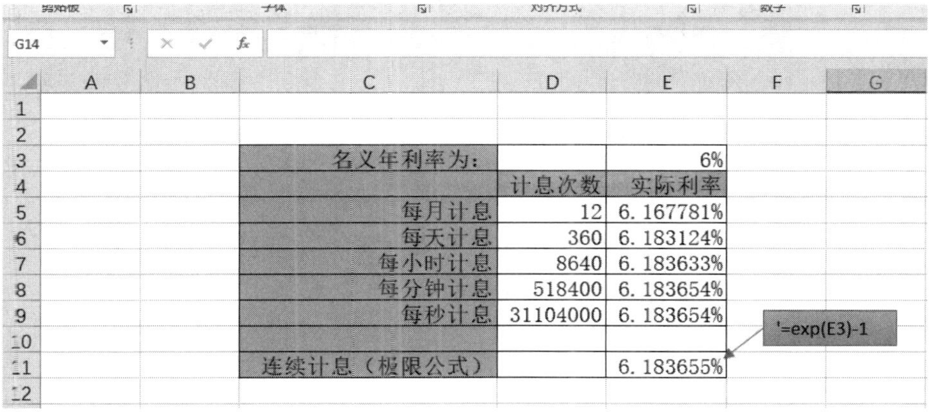

	A	B	C	D	E	F	G
1							
2							
3			名义年利率为:		6%		
4				计息次数	实际利率		
5			每月计息	12	6.167781%		
6			每天计息	360	6.183124%		
7			每小时计息	8640	6.183633%		
8			每分钟计息	518400	6.183654%		
9			每秒计息	31104000	6.183654%		
10							
11			连续计息（极限公式）		6.183655%		
12							

图 3.4 连续计息的实际利率

3.3 多次性收付的利息和利率

3.3.1 利息计算

前述支付利息及本金的计算都是基于一次性收付的现金流的，即针对一次借款之后一次性还款。有的时候借款之后，对方是分期还款，这个时候利息的计算就要复杂得多。这种情况称为多次性收付。

例 3-2 王二向银行贷款 50 万元，贷款年利率为 6%。采用年分期还款的方式，在未来 10 年内每年年末等额还款，10 年后还清。请问每年还款额为多少？

解答 假设每年还款额为 x 元，显然这 x 元中既包括偿还的利息也包括偿还的本金。我们假定每年还款额中，都把前一年的利息全部偿还了。借款 50 万元一年后产生的利息应该为 $50 \times 6\% = 3$ 万元。第一年偿还的 x 元中，扣除这部分利息，其余部分应该为 $x - 3$ 万元。可见，1 年之后，我们欠银行本金应该为 $50 - (x - 3)$，这部分本金产生的利息应该为 $[50 - (x - 3)] \times 6\%$。之后，按照这样的规律延续至第 10 年。

我们可以利用 Excel 表建立这种递归的关系(见图 3.5)，具体步骤如下：

(1) 在 C3 单元格输入年初欠款“50”万元；

(2) 在 D3 单元格计算该年产生的利息“= C3*6%”；

(3) E3 单元格为每年还款额(无须输入数据，但可标记该单元格)；

(4) 在 F3 单元格计算所偿还的本金“= E3 - D3”，在 G3 单元格中计算年末欠款“= C3 - F3”；

(5) 注意，每年年初欠款即前一年年末欠款，在 C4 单元格中输入“= G3”；

(6) 此外，之后每年还款额相等，在 E4 单元格中输入“= E3”；

(7) 把所有的公式都相应拉至第 10 年。

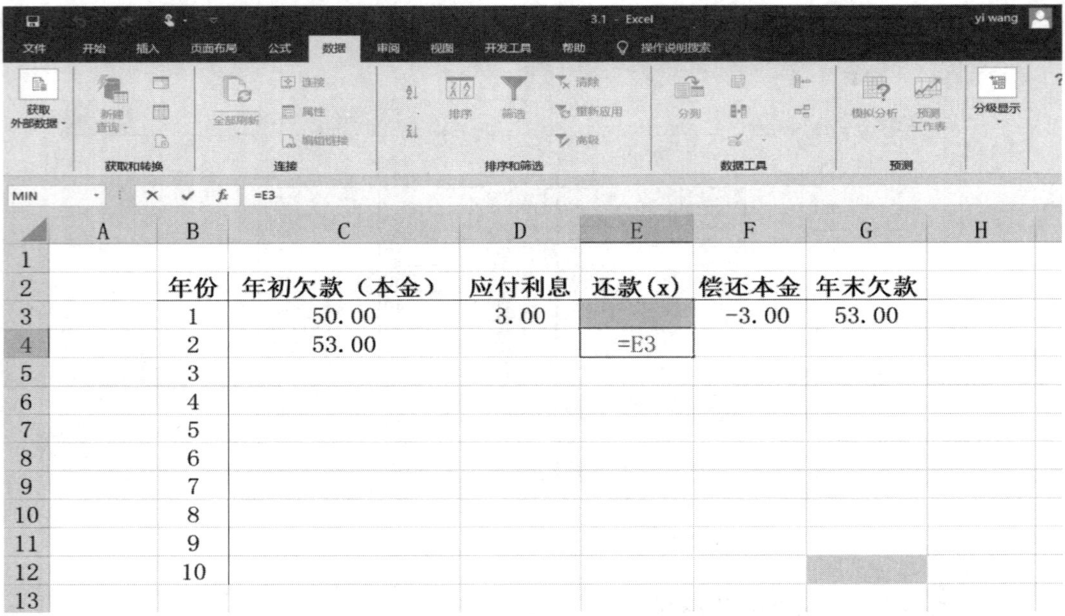

年份	年初欠款（本金）	应付利息	还款(x)	偿还本金	年末欠款
1	50.00	3.00		-3.00	53.00
2	53.00		=E3		
3					
4					
5					
6					
7					
8					
9					
10					

图 3.5　利用 Excel 单变量求解计算利息(1)

由于 10 年之后还清所有本金和利息，所以第 10 年的年末欠款应当为 0。这个时候，我们可以调用“单变量求解”命令，求使得年末欠款为 0 的每年还款(见图 3.6)，步骤如下：

① 调用“数据—预测—模拟分析—单变量求解”；

② 目标单元格设置为第 10 年年末欠款，即“G12”单元格；

③ 目标值设为 0；

④ 可变单元格设置为 E3 单元格，即每年还款额，按“确定”即可计算出每年应还款额。

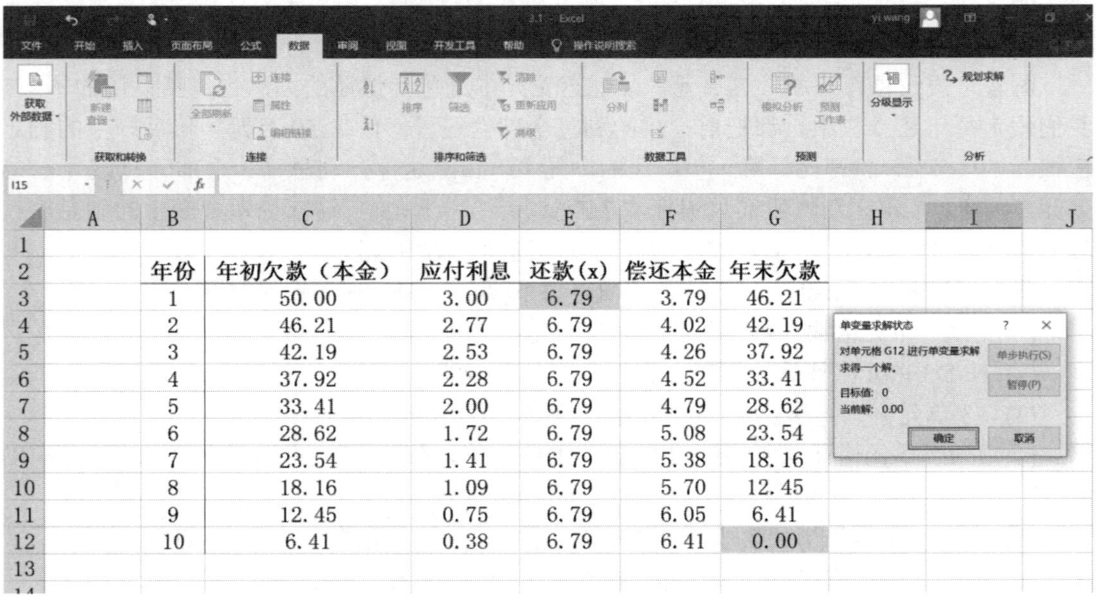

年份	年初欠款（本金）	应付利息	还款(x)	偿还本金	年末欠款
1	50.00	3.00	6.79	3.79	46.21
2	46.21	2.77	6.79	4.02	42.19
3	42.19	2.53	6.79	4.26	37.92
4	37.92	2.28	6.79	4.52	33.41
5	33.41	2.00	6.79	4.79	28.62
6	28.62	1.72	6.79	5.08	23.54
7	23.54	1.41	6.79	5.38	18.16
8	18.16	1.09	6.79	5.70	12.45
9	12.45	0.75	6.79	6.05	6.41
10	6.41	0.38	6.79	6.41	0.00

图 3.6　利用 Excel 单变量求解计算利息(2)

3.3.2　利率计算

我们也可以通过多次性收付具体现金流，反过来计算利率。具体见如下例子。

例 3-3　张三借给李四 10 万元。李四在之后的 4 年内，每年年末还 3 万元钱给张三，五年之后两清。请问利率是多少？

我们可以这样理解这个问题，即将其转化为如下的问题。

例 3-4　李四向张三借了 4 笔钱，这 4 笔总和为 10 万元。之后的 4 年时间内，每年年末还其中一笔钱的本金及利息，还款额恰好都是 3 万元。请问利率是多少？

这两个问题是等价的，使用 Excel 单变量求解或规划求解器解决例 3-4 的问题，进而也就解决了例 3-3 的问题。

1. 单变量求解

首先，假设所借这 4 笔借款分别为 X_1、X_2、X_3 和 X_4。根据问题的描述，我们知道：

$$X_1(1+i) = 3，\quad X_2(1+i)^2 = 3，\quad X_3(1+i)^3 = 3，\quad X_4(1+i)^4 = 3$$

那么我们可以得到：

$$X_1 = \frac{3}{(1+i)}，\quad X_2 = \frac{3}{(1+i)^2}，\quad X_3 = \frac{3}{(1+i)^3}，\quad X_4 = \frac{3}{(1+i)^4}$$

根据条件，可知四笔借款之和为 10 万元，所以有：

$$X_1 + X_2 + X_3 + X_4 = \frac{3}{(1+i)} + \frac{3}{(1+i)^2} + \frac{3}{(1+i)^3} + \frac{3}{(1+i)^4} = 10$$

可以看到，我们已经建立了如下方程：

$$\frac{3}{(1+i)} + \frac{3}{(1+i)^2} + \frac{3}{(1+i)^3} + \frac{3}{(1+i)^4} = 10$$

在 Excel 中使用单变量求解的方式求解上述方程，可以得到利率约为 0.077。

2. 规划求解

上述的方法需要进行数学分析，得出不包含 X_1、X_2、X_3 和 X_4 的方程。如果采用规划求解的方法，将不需要这些步骤，我们可以直接在规划求解参数中设置目标值为

$$X_1 + X_2 + X_3 + X_4 = 10$$

决策变量是 X_1、X_2、X_3、X_4 和 i，满足约束条件：

$$X_1(1-i) = 3$$
$$X_2(1+i)^2 = 3$$
$$X_3(1+i)^3 = 3$$
$$X_4(1+i)^4 = 3$$

如图 3.7 所示，在 Excel 表单中建模：

① 设置好决策变量所在的单元格(B3:B6 及 D3)；

② 根据决策变量计算目标函数值，即四笔欠款之和 B8(= sum(B3:B6))；

③ 根据决策变量计算约束条件值，即各年相应还款额 G3(= B3*(1+$D$3)^F3)，并下拉至 4 年时间内(请注意，D3 为绝对引用，读者可以思考为什么)；

④ 之后调用规划求解器，并设置目标为 "B8=10"，即四笔欠款之和为 10 万元；

⑤ 设置可变单元格为决策变量所在的单元格(B3:B6 及 D3);

⑥ 增加约束条件,约束条件为"各年还款均为 3 万元"。

图 3.7　运用 Excel 规划求解计算利率

可以看到,例 3-2 看似是一个简单的问题,但是却涉及求解一个复杂高次方程。这在需要大量类似计算的工程经济分析中无疑是非常麻烦的。在下一章,我们会介绍资金等值计算的概念、方法,这将大大简化类似于上述问题的各种计算。

习　　题

1. 我国银行目前整存整取定期存款(单利法)年利率为:1 年期年利率 2%;5 年期年利率 3%。如果你有 10 000 元钱估计 5 年内不会使用,按 1 年期存入,每年取出再将本利存入,与直接存 5 年期相比,利息损失有多少?

2. 列出对项目进行工程经济分析的三个基本要素。

3. 编制下述现金流的现金流表,并绘制现金流图:

初始年份投资 25 000 元;

第 1 年现金流入 10 000 元;

第 2 至第 5 年,现金流每年增长 20%。

4. 初始贷款为 1000 元,复利利率为 5%,计算 1 年、2 年以及 5 年后的本利和。

第4章
资金等值计算

通过上一章的学习我们了解到资金具有时间价值,而利息或利率就是时间价值的体现。不同时间段的两个不等的资金,在考虑其时间价值的基础上,有可能有着相同的价值。以上就是资金等值概念的一种体现。例如,在利率为 6% 的情况下,期初的 100 元和期末的 106 元具有相同的价值。更一般的情况是,我们想要计算一笔资金在不同时间与其等价值的资金应该是多少。这种计算就是资金等值计算。例如,我们想知道现在的 100 元,在 10 年之后与之等价值的资金应该是多少。或者说,现在的 100 元,10 年后值多少钱?再例如,王二购买了一个证券,10 年后的预计收入是 10 万元,那么那时的 10 万元,对应现在等价值的资金应该是多少?这些问题就是资金等值计算问题。资金发生在不同时间点上,具有不同的价值。资金等值计算的相关因素包含三个:资金大小、资金发生的时间及利率。

若某个资金仅有一次支付,我们称其为一次性收支。一次资金收支,根据其发生在一段时间初始还是结尾,可以分为现值和终值:

现值(Present Value,用字母 P 表示):一段时间初始的现金流大小,或者一笔(若干笔)现金流转换为初始时间点上的价值。

终值(Future Value,用字母 F 表示):一段时间期末的现金流大小,或者一笔(若干笔)现金流转换为期终时间点上的价值。

此外,有一些现金流的收支发生在一个时间段内的多个节点上,这种现金流称为多次收付现金流。当多个节点的现金流收付发生的时间间隔相等,数值大小相同且发生在每一期期末时,这一现金流序列被称为年值,或称为等额分付、等额年值、普通年金。年值(Annual Value,用字母 A 表示):一段时间内各期期末等值的现金流,或者一笔现金流转换为一段时间内各期期末等值的现金流价值。年值现金流量图如图 4.1 所示。

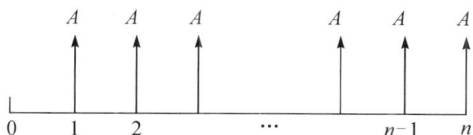

图 4.1　年值现金流量图

资金等值计算一般指的就是上述三种不同时间点上的现金流价值，等值地转换为其他种类时间点上的现金流价值。因此，资金等值计算有以下 6 种：

① 现值转换为终值——已知现值 P，求与其等值的终值 F；
② 终值转换为现值——已知终值 F，求与其等值的现值 P；
③ 终值转换为年值——已知终值 F，求与其等值的年值 A；
④ 年值转换为终值——已知年值 A，求与其等值的终值 F；
⑤ 现值转换为年值——已知现值 P，求与其等值的年值 A；
⑥ 年值转换为现值——已知年值 A，求与其等值的现值 P。

前两种是一次性收付款项之间的等值转换计算，后四种是多次收付款项等值计算。一般来说，在考虑资金时间价值的基础上，不同时间点的现金流是不能直接相加的。但是通过等值计算，我们可以把不同时间点的现金流转换到同一时间点上，这样就可以进行相加等分析运算了。

4.2 ▶▶▶ 一次性收付之间的等值计算

4.2.1 现值转换为终值

给定计息期数 n 及利率 i，已知现值 P，要求与其等值的终值 F。事实上就是求 P 在 n 年之后的本利和，其计算公式为

$$F = P(1 + i)^n$$

需要注意的是，上述的等值计算中现值 P 应为 n 期期初值，F 为 n 期期末值(见图 4.2)。此外，利率 i 对应的是单期利率，要与时期单位相匹配。例如 i 为年利率，则 n 应为计息年数，i 为月利率，则 n 为计息月数。

图 4.2 现值转换为终值

上述现值转换为终值的计算公式中，$(1 + i)^n$ 称为整付终值系数(一次支付终值系数)，用 $(F/P, i, n)$ 表示。为了便于计算，通常资金等值计算的系数都会按照利率 i 和计息期 n 计算好，并列于表中。该表称为"复利系数表"(见附录 B)。在根据 P 计算 F 时，只需要根据利率 i 和计息期 n，查询到所需系数值$(F/P, i, n)$，之后再用现值 P 乘上该系数即可。那么前述公式可以写作

$$F = P(F/P, i, n)$$

对于不同的利率 i 和计息次数 n，该系数都可以在复利系数表中查询到。运用这一系数，我们可以快速进行现值转化为终值的计算。

例 4-1　王二存入银行本金 10 万元，银行存款年利率为 3%，且采用复利计息。10 年之后本利和为多少？

解答　我们可以把这 10 年之初存入银行的 10 万元看作现值 P。要计算十年后的本利和，即计算其在 3% 的利率下，等价的 10 年之后的终值 F。由题意得

$$F = P(F/P, i, n) = 10 \text{ 万元} \times (F/P, 3\%, 10)$$

查阅复利系数表，可得 $(F/P, 3\%, 10) = 1.34$，因此可以计算出上述问题的终值，即十年后的本利和为 13.4 万元。

4.2.2　终值转换为现值

给定利率 i 以及计息次数 n，已知终值 F，求与其等值的现值 P，计算公式应为

$$P = F(1 + i)^{-n}$$

其实现的等值计算示意图如图 4.3 所示。其中，$(1 + i)^{-n}$ 称为整付现值系数(一次支付现值系数)，用 $(P/F, i, n)$ 表示。可以看到上述公式事实上是现值转换为终值的逆运算，因此可以验证整付现值系数 $(P/F, i, n)$ 与整付终值系数 $(F/P, i, n)$ 互为倒数。

图 4.3　终值转换为现值

在工程经济分析中，经常需要将未来的预期现金流转换为期初的现值 P。计算现值的过程被称为"折现"，此时所使用的利率也常被称为"折现率"。根据 F 计算 P 时，只需要根据利率 i，计息期数 n，查询到所需系数值 $(P/F, i, n)$，之后再用终值 F 乘上该系数即可。

例 4-2　张三计划建造一条生产线，预计 5 年后需要资金 1000 万元，设年利率为 10%，现需要存入银行多少资金？

解答　我们可以把 5 年后需要的资金 1000 万元视作终值 F。需要计算与其等值的现在存入银行的现金流，即现值。即计算其在 10% 的利率下，等价的 5 年之初的现值 P。由题意得

$$P = F(P/F, i, n) = 1000 \text{ 万元} \times (P/F, 10\%, 5)$$

查阅复利系数表，可得 $(P/F, 10\%, 5) = 0.62$，因此可以计算出上述问题的现值，即现在需要存入银行 620 万元。

4.3 ▷▷▷ 多次收付等值计算——等额分付

4.3.1 年值 A 转换为终值 F(普通年金终值)

普通年金终值是一定时期内每期期末等额收付款项的复利终值之和。即已知 n 个计息期数的等额年值 A，在某个利率 i 情况下，计算与其等值的终值 F(见图 4.4)。

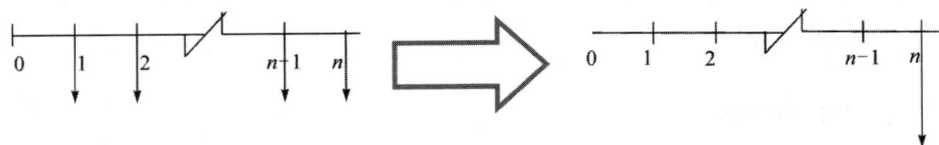

图 4.4　年值转换为终值

其计算思路为：将 n 个年值 A 分别看作一次性支付的现值，然后转换为期末终值，之后相加即可。其公式为

$$F = A(1+i)^{n-1} + A(1+i)^{n-2} + \cdots + A(1+i)^{0}$$

可见

$$F = A\sum_{k=0}^{n-1}(1+i)^k$$

根据等比数列求和公式，可得

$$F = A\left[\frac{(1+i)^n - 1}{i}\right]$$

式中，$\dfrac{(1+i)^n - 1}{i}$ 称为等额系列终值系数或年金终值系数，用符号$(F/A, i, n)$表示。该系数可在复利系数表中查询到。进而，上述公式可以写作

$$F = A(F/A, i, n)$$

例 4-3　赵六贷款读大学，每年年末需从银行贷款 6000 元，年利率为 4%，4 年后毕业时共计欠银行本利和为多少？

解答　显然，上述问题每年年末贷款 6000 元为年值 A，而 4 年后毕业时共计欠银行本利和为终值 F，因此我们可以通过下述公式计算终值：

$$F = A(F/A, i, n) = 6000 \text{ 元} \times (F/A, 4\%, 4)$$

查表可知系数$(F/A, 4\%, 4) = 4.2465$，因此可以计算得到终值为 25 479 元。

4.3.2 终值 F 转换为年值 A(偿债基金)

偿债基金是指为了在预计的未来某个时间点筹集一笔资金，而必须分次等额提取的存

款准备金。可见偿债基金计算与年金终值计算互为逆运算。根据式 $F = A\left[\dfrac{(1+i)^n - 1}{i}\right]$，可

知在已知终值 F 的情况下，年值 A 的计算公式为

$$A = F\left[\dfrac{i}{(1+i)^n - 1}\right]$$

式中，$\left[\dfrac{i}{(1+i)^n - 1}\right]$ 称为偿债基金系数，用符号 $(A/F, i, n)$ 表示。该系数可在复利系数表中查

询到。进而，终值 F 转换为年值 A 的计算公式可以写作

$$A = F(A/F, i, n)$$

例 4-4　王二欲积累一笔教育基金，用于 8 年后支付留学费用。预计 8 年后留学费用共需要 100 万元，银行年存款复利率为 3%，每年年末至少要存多少钱？

解答　显然，上述问题中 8 年后留学费用共需要 100 万元为终值 F，而每年年末存款为年值 A，因此我们可以通过下述公式计算年值：

$$A = F(A/F, i, n) = 100 \text{ 万元} \times (A/F, 3\%, 8)$$

查表可知系数 $(A/F, 3\%, 8) = 0.1125$，因此可以计算得到年值为 11.25 万元。

注意：普通年金指的是发生在年末的等额多次收付现金流。另外还有一种发生在年初的等额多次收付，称为即付年金。可以看到：即付年金 $\times (1 + i) =$ 普通年金。要把即付年金转换为现值或者终值，需要先把即付年金转换为普通年金；另外，要把现值或者终值转换为即付年金，我们可以先计算出普通年金，再进一步转换为即付年金。

4.3.3　年值 A 转换为现值 P(普通年金现值)

普通年金现值是一定时期内每期期末所付款项的现值之和。已知 n 个计息期数的等额年值 A，及利率 i，计算与其等值的现值 P(见图 4.5)。其计算思路为：将 n 个年值 A 均看作相应于期初的终值，然后转换为期初现值，并求和，即为普通年金现值 P。其公式如下：

$$P = A(1+i)^{-1} + A(1+i)^{-2} + \cdots + A(1+i)^{-n}$$

可见

$$P = A\sum_{k=1}^{n}(1+i)^{-k}$$

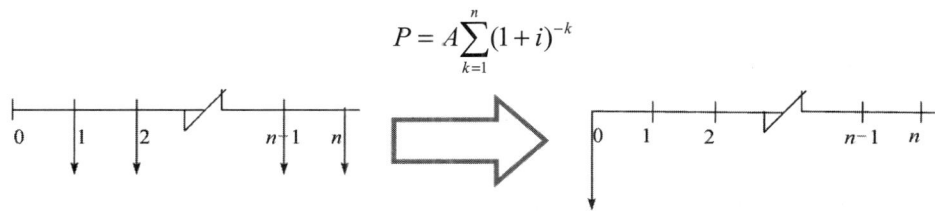

图 4.5　年值转换为现值

根据等比数列求和公式，可得

$$P = A\left[\frac{1-(1+i)^{-n}}{i}\right]$$

式中，$\dfrac{1-(1+i)^{-n}}{i}$ 称为等额系列现值系数或者年金现值系数，用符号 $(P/A, i, n)$ 表示。该系数可在复利系数表中查询到。

例 4-5 李四贷款买房，预计他每年能还 2 万元，打算 15 年还清，假设银行的按揭年利率为 5%，如果还款方式为每年年末还款，他现在最多能贷款多少？

解答 上述问题事实上是计算 5% 利率下，为期 15 年每年 2 万元的年值，等价于多少现值。所以我们把年值转换为现值即可：

$$P = A(P/A, i, n) = 2 \text{ 万元} \times (P/A, 5\%, 15)$$

查表可知，系数 $(P/A, 5\%, 15) = 10.38$，因此可以计算得到现值为 20.76 万元。

4.3.4 现值 P 转换为年值 A(资本回收额)

资本回收额是指在约定的期限内各期等额回收的初始投入资本额。已知利率 i 与现值 P，计算与之等值的 n 个计息期数的等额年值 A。可见资本回收额计算是年金现值计算的逆运算。根据前述公式 $P = A\left[\dfrac{1-(1+i)^{-n}}{i}\right]$，可知在知道现值 P 的情况下，求年值 A 的计算公式为

$$A = P\left[\frac{i}{1-(1+i)^{-n}}\right]$$

式中，$\dfrac{i}{1-(1+i)^{-n}}$ 称为资本回收系数，用符号 $(A/P, i, n)$ 表示。进而，在知道现值 P 的情况下，求年值 A 的计算公式为

$$A = P(A/P, i, n)$$

该系数可在复利系数表中查询到。

例 4-6 王五贷款买房，贷款 100 万元，假设银行的按揭年利率为 5%，要求 20 年等额分期付款，每年年末需要还多少钱？

解答 显然，上述问题中贷款 100 万元为现值 P，而每年年末还款额为年值 A，因此我们可以通过下述公式计算年值：

$$A = P(A/P, i, n) = 100 \text{ 万元} \times (A/P, 5\%, 20)$$

查表可知系数 $(A/P, 5\%, 20) = 0.08$，因此可以计算得到现值为 8 万元。

值得一提的是，在年值发生的期数为无穷期的情况下，我们称其为永久年金。这种情况我们在 4.5.1 节介绍。

4.4 复杂现金流序列的现值计算

4.4.1 资金等值计算的传递性原理

在资金等值计算过程中,如果一个(或者一系列)现金流 X 与一个(或者一系列)现金流 Y,在利率为 i 的情况下等值,我们可以写作

$$X =_i Y$$

另外,如果一个(或者一系列)现金流 Y 与一个(或者一系列)现金流 Z,在利率为 i 的情况下等值,即 $Y =_i Z$。那么,我们可以立刻得知,现金流 X 与现金流 Z 等值,即 $X =_i Z$。这就是资金等值计算的传递性原理。

例如,在利率为 10%的条件下,现在发生的 100 元,与一年后的 110 元就是等值的,则有:现在发生的 100 元 $=_{10\%}$ 一年后的 110 元。另外,现在发生的 100 元,与两年后的 121元等值。根据资金等值计算的传递性原理,我们有:两年后的 121 元 $=_{10\%}$ 一年后的 110 元。

4.4.2 偏移年值的现值计算

根据资金等值计算的传递性原理,我们可以利用多个不同的复利系数,计算一些特殊复杂系列的现值。例如,王二先生在其 55 岁生日时(假设是 1 年年初),购买了一个养老金基金,这个养老基金可以在其 60 岁之后,每年年末给王二先生提供 1 万元养老金,一直提供到其 80 岁(即从第 6 年年末开始,持续到第 26 年年末)。王二先生困惑于购买此项养老金的价格。假设王二先生个人的基准收益率是 5%,这个五年后开始,为期 20 年的养老金,现值是多少?很明显,上述问题中为期 20 年的养老金,并不是标准意义的年值。这个现金流系列的第一期是从 5 年后开始的,而标准的年值定义是从第 1 期开始的。我们把这种等间隔等额发生,但是第一次发生不是在标准时间的第一期的现金流系列,称为偏移年值(Shifted Uniform Series,如图 4.6 所示)。

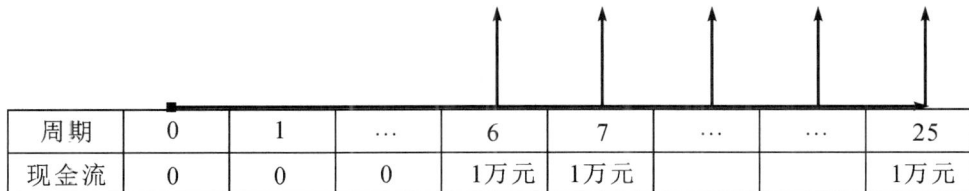

周期	0	1	…	6	7	…	…	25
现金流	0	0	0	1万元	1万元			1万元

图 4.6　偏移年值

要计算偏移年值,我们可以采用以下思路。如果我们把时间轴进行调整,只看王二先生 60 岁至 80 岁这 20 年,那么上述偏移年值就是一组年值现金流系列,我们可以直接计算其现值为

$$P_\mathrm{r} = 1 \text{ 万元} \times (P/A, 5\%, 20)$$

但是,上述公式计算出来的现值,对立的时间是 60 岁至 80 岁这 20 年的初始时间点,即第 6 年年初(也就是第 5 年年末,即图 4.7 中虚线所示)。我们可以进一步将第 6 年年初(也

就是第 5 年年末)的现金流，转换为第 1 年年初(即初始时刻)的现值。运用将终值转换为现值的系数进行计算：

$$P = P_r \times (P/F, 5\%, 5)$$

根据资金等值计算的传递性原理，我们知道如果偏移年值与 P_r 等值，而 P_r 与 P 等值，那么偏移年值就与 P 等值。因此，这些偏移年值的现值为

$$P = 1 \text{ 万元} \times (P/A, 5\%, 20) \times (P/F, 5\%, 5)$$

上述思路可以由图 4.7 体现。

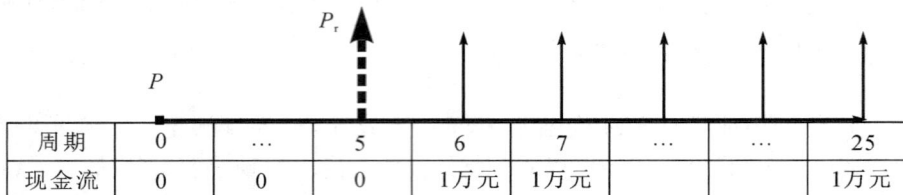

周期	0	...	5	6	7	...	...	25
现金流	0	0	0	1万元	1万元			1万元

图 4.7　偏移年值转换为现值

查表可以计算得到上述现值为

$$P = 1 \text{ 万元} \times 12.46 \times 0.78 = 9.7188 \text{ 万元}$$

因此，王二先生购买该项基金的价格不应该超过 9.7188 万元。

4.4.3　复杂序列的现值计算的一般性方法

上一节所谈的多次收付资金有一个特征，即各期的收付额大小相等。工程经济学中最常见的等值计算是计算一系列没有规律的现金流的现值。在同一利率下，不同期的现金流可以转换成为同一时间点的等值资金，进而相加。因此，我们只需要把各期的现金都分别转换为初始时间点的现值并相加，所得之和就是多期支付现金流的现值。给定从第 $1, 2, \cdots, n$ 期的支付值分别为 $A_1, A_2, \cdots, A_n$。这是一个无规则的多期支付，将每一期的支付额都转换为第 0 期的现值，再相加即可得其现值：

$$P = A_1 \times (P/F, i, 1) + A_2 \times (P/F, i, 2) + \cdots + A_n \times (P/F, i, n)$$

例如，要计算图 4.8 现金流系列的现值，我们根据前述原理进行计算：

$$P = 300(P/F, i, 1) + 200(P/F, i, 2) + \cdots + 200(P/F, i, 7)$$

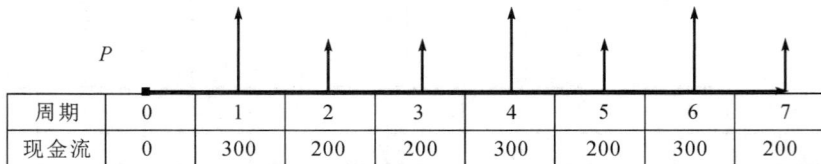

周期	0	1	2	3	4	5	6	7
现金流	0	300	200	200	300	200	300	200

图 4.8　复杂现金流序列

例 4-7　预测某项目运营之后的现金流如图 4.9 所示，计算其现值(利率为 10%)。

解答　方法 1：可以将各期现金流折现之后相加，即

$$P = (-500) \times (P/F, i, 1) + (-100) \times (P/F, i, 2) + 150 \times (P/F, i, 3) + \sum_{k=4}^{10} 250(P/F, i, k)$$

方法 2：注意到第 4 至第 10 年现金流等额等间隔，我们可以将其看作偏移支付，一起折现。之后，再加上其他部分现金流即可得现值：

$$P = (-500) \times (P/F, i, 1) + (-100) \times (P/F, i, 2) + 150 \times (P/F, i, 3) + 250(P/A, i, 7)(P/F, i, 3)$$

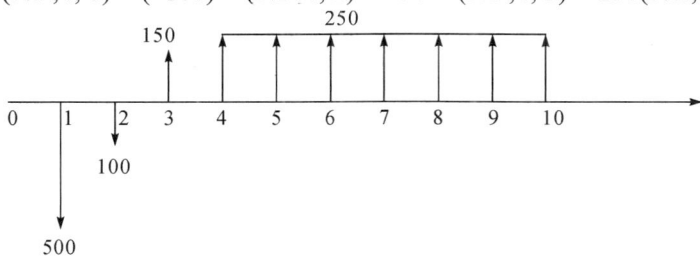

图 4.9　现金流量图

4.5 多次收付等值计算——非等额分付

在工程经济分析中，我们也常常会遇上多次收付资金额不等，但是这些多次收付却有一定规律的情况。我们可以通过数学分析得到其等值计算的一些公式。比较常见的包括多次收付额为等差序列和等比序列，分别对应着现金流逐年按照固定额增长及按照固定增长率增长两种情况。

4.5.1 等差序列多次收付等值计算(固定增长额)

1. 现值计算

等差序列多次收付现金流各期收付额为等差数列。如图 4.10 所示，假设第 i 期收付额为 A_i，那么 A_i 满足公式

$$A_i = A_{i-1} + G$$

其中 G 为固定增长额。

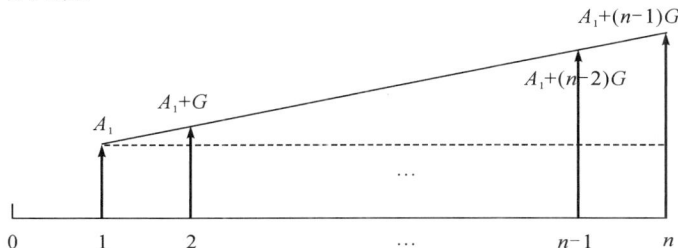

图 4.10　等差序列现金流

对于这一类多次收付，最基本的等值计算就是将一系列的多次收付额 A_1, A_2, $\cdots$, A_n 转换为现值 P。根据定义，我们可以将各期收付额看作终值转换为现值，之后再求和：

$$P = A_1 (1+i)^{-1} + (A_1 + G)(1+i)^{-2} + \cdots + [A_1 + (n-1)G](1+i)^{-n}$$

根据二式，我们可以把等差序列的多次分付分成两部分：一部分为以 A_1 作为普通年金的等额分付；另一部分为以 0 为首期收付，G 为增长额的等差序列多次分付。因此，上式可以转换为

$$P = A_1(P/A, i, n) + G(1+i)^{-2} + 2G(1+i)^{-3} + \cdots + (n-1)G(1+i)^{-n}$$

上式中的第一部分已求得。该问题的主要工作在于计算 $G(1+i)^{-2} + \cdots + (n-1) G (1+i)^{-n}$。假设 $P_G = G(1+i)^{-2} + 2G(1+i)^{-3} + \cdots + (n-1)G(1+i)^{-n}$，在两边同时乘上 $(1+i)$ 可得

$$P_G(1+i) = G(1+i)^{-1} + 2G(1+i)^{-2} + \cdots + (n-1)G(1+i)^{-(n-1)}$$

上式两边减去 P_G 得

$$P_G(1+i) - P_G = G(1+i)^{-1} + 2G(1+i)^{-2} + \cdots + (n-1)G(1+i)^{-(n-1)} -$$
$$G(1+i)^{-2} - 2G(1+i)^{-3} - \cdots - (n-1)G(1+i)^{-n}$$

即

$$P_G i = G(1+i)^{-1} + G(1+i)^{-2} + \cdots + G(1+i)^{-(n-1)} - (n-1)G(1+i)^{-n}$$

由于前 $n-1$ 项为等比数列求和，整理上式可得

$$P_G = G\left(\frac{(1+i)^n - (1+in)}{i^2(1+i)^n}\right)$$

式中，$\frac{(1+i)^n - (1+in)}{i^2(1+i)^n}$ 为等差序列现值系数，用符号 $(P/G, i, n)$ 表示。

因此，当给定一个等差序列的多次收付现金流，如果知道它的首次收付额为 A_1，增长额为 G，那么其现值应为

$$P = A_1(P/A, i, n) + G(P/G, i, n)$$

其中，$(P/A, i, n)$ 及 $(P/G, i, n)$ 均可通过查询复利系数表得出。

例 4-8 欲投资建设某一条收费高速公路，经过调研可知：
① 每年运营成本为 500 万元，保持不变；
② 2018 年根据交通量估计可以收费 2000 万元，之后收费额每年增长 100 万元；
③ 从 2018 年开始运行收费，收费年限 15 年；
④ 折现率为 10%。
请问这一高速公路收费价值的现值是多少？

解答 显然，高速公路的年收费额是一个等差增长序列，因此我们可以直接运用前述公式：

$$F = A_1(F/A, i, n) + G\frac{(1+i)^n - (1+in)}{i^2}$$
$$= 2000(F/A, 10\%, 15) + 100\frac{(1+10\%)^{15} - (1+10\% \times 15)}{(10\%)^2}$$

查表，可知系数 $(F/A, 10\%, 15) = 31.77$，进一步在 Excel 表单元格中输入公式 "=2000 * 31.77 + 100 * ((1 + 10%)^15 − (1 + 10% * 15))/((10%)^2)" 可计算得结果为 80 312 万元。

2. 终值计算

前面我们已经将等差序列的多次收付现金流转换为现值了。要将多次收付现金流转换为终值，一个直接的思路就是：可以在转换为现值后，再通过现值转换为终值的方法计算终值，故有

$$F = P(F/P, i, n) = [A_1(P/A, i, n) + G(P/G, i, n)](F/P, i, n)$$

可得

$$F = A_1(F/A, i, n) + G\frac{(1+i)^n - (1+in)}{i^2}$$

上式中系数 $\dfrac{(1+i)^n - (1+in)}{i^2}$ 称为等差序列终值系数，用符号 $(F/G, i, n)$ 表示，具体值可在复利系数表中查询得到。

4.5.2　等比序列多次收付等值计算(固定增长率)

1. 现值计算

等比序列多次收付现金流各期收付额为等比数列。假设第 i 期收付额为 A_i，那么 A_i 满足公式

$$A_i = qA_{i-1}$$

其中，q 为等比数列的公比。若 $q > 1$，则 $j = q - 1$ 为这些现金流的增长率，如图 4.11 所示。

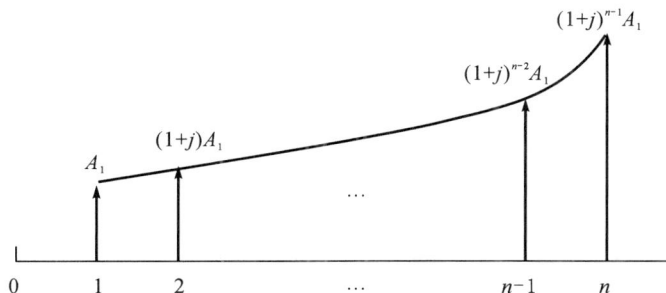

图 4.11　等比序列现金流

为了计算等比数列多次收付的现值，可将各期收付额看作终值转换为现值，之后再求和：

$$P = A_1(1+i)^{-1} + qA_1(1+i)^{-2} + \cdots + q^{n-1}A_1(1+i)^{-n}$$

可以观察到，上式右边恰好是一个等比序列(初始值为 $A_1(1+i)^{-1}$，公比为 $q(1+i)^{-1}$)的求和。所以我们可以直接使用求和公式，可得

$$P = \begin{cases} A_1 \dfrac{1 - q^n(1+i)^{-n}}{1+i-q} & q \neq 1+i \\ A_1 n(1+i)^{-1} & q = 1+i \end{cases}$$

将 $q = j+1$ 代入上式可得

$$P = \begin{cases} A_1 \dfrac{1 - (1+j)^n(1+i)^{-n}}{i-j} & j \neq i \\ A_1 n(1+i)^{-1} & j = i \end{cases}$$

上式可以记为 $P = A_1(P/A, i, j, n)$，系数 $(P/A, i, j, n)$ 称为等比序列现值系数。注意该系数

还应当包含参数增长率 j。

例 4-9 欲投资建设某一条收费高速公路，经过调研可知：

① 每年运营成本为 500 万元，保持不变；

② 2018 年根据交通量估计可以收费 2000 万元，之后收费额每年增长 10%；

③ 从 2018 年开始运行收费，收费年限 15 年；

④ 折现率为 10%。

请问这一高速公路收费价值的现值是多少？

解答 显然，高速公路的年收费额是一个等比增长序列，因此我们可以直接运用前述现值公式(注意到增长率等于折现率)：

$$F = A_1 n (1+i)^{-1} = 2000 \times 15 \times (1+10\%)^{-1} = 27\,272.3 \text{ 万元}$$

2. 终值计算

由于我们已经得出了等比序列多次分付的现值，只需要进一步将现值转换为终值即可：

$$F = \begin{cases} A_1 \dfrac{(1+i)^n - (1+j)^n}{i-j} & j \neq i \\ A_1 n (1+i)^{n-1} & j = i \end{cases}$$

上式可以记为 $F = A_1(F/A, i, j, n)$，系数 $(F/A, i, j, n)$ 称为等比序列终值系数。

4.6 ▶▶▶ 多次收付等值计算——无穷期

4.6.1 永续普通年金

当多次收付的年数是无穷大时，相应的年值称为永续年金。永续年金在现实中也有着非常多的例子。例如，某人给自己的母校一次性捐赠 100 万元作为奖学金基金，该基金每年为优秀学生提供奖学金，而且是永续的。这里每年的奖学金正是永续年金的概念。

对于永续年金，有两个相关的计算：一是给定永续年金值，计算初始值；二是给定初始值(现值 P)，计算相应的永续年金值(例如，前述例子中每年可以提供多少奖学金)。

永续年金转换为现值：由于永续年金是寿命期无限的年值，因此我们取现值转换为年值的公式，并让寿命期趋向于无穷大，再求极限即可。相应公式为

$$P = \lim_{n \to \infty} A \left[\frac{1 - (1+i)^{-n}}{i} \right] = A \frac{1}{i}$$

现值转换为永续年金：相反地，知道现值 P 求相应的永久普通年金值 A 的公式则为

$$A = P \times i$$

上述计算公式体现出来的现实意义也是非常直观的：一笔基金所能提供的永续年金恰

好是其每年产生的利息。

这一公式在工程经济分析中也经常用到。由于现实生活中很多工程项目是永续的，利用上述公式，可以将无限期的分付直接转换为现值。这将大大简化工程经济分析的复杂性。

例 4-10　欲在海外投资建设某一条收费高速公路，经过调研预测知，高速公路每年可产生现金流 0.5 亿美金，且收费年限为永久收费。基准利率为 10%，请问这一高速公路收费价值的现值是多少？

解答　上述问题中每年现金流相同且永续，因此这是一个永久年金。根据前述知识，我们知道其现值为

$$P = A \frac{1}{i} = \frac{0.5}{0.1} = 5 亿美金$$

例 4-11　某成功人士为其母校捐赠一笔奖学金 100 万元，用以奖励优秀学生。该奖学金项目预计为永久基金，即永续地向学生每年提供相等数额的资助。在基准收益率为 6% 的情况下，该基金每年可以提供多少资助？

解答　上述问题中每年奖学金相同且永续，因此这是一个永久年金。根据前述知识，在知道现值的情况下，永久年金值为

$$A = P \times i = 100 \times 6\% = 6 万元$$

4.6.2　永续增长序列——等额增长(等差数列)

除了永续年金之外，对于永续增长的现金流序列，我们也可以在一定条件下计算其总现值。类似地，对于等差序列的现金流，当现金流发生的期数为无穷大时，我们可以通过对前述等差序列的现值计算公式求极限来计算现值。对于一个无穷多期的等差序列的现金流，若第一年现金流为 A_1，每年增长 G，其现值为

$$P = \lim_{n \to \infty} A_1 (P/A, i, n) + G(P/G, i, n) = A_1 \frac{1}{i} + G \frac{1}{i^2}$$

例 4-12　欲在海外投资建设某一条收费高速公路，经过调研预测知，高速公路当年可产生现金流 0.5 亿美金，之后每年增长约 0.1 亿美金，收费年限为永久收费。基准利率为 10%，请问这一高速公路收费价值的现值是多少？

解答　根据前述知识，我们知道永续的等差增长序列现值为

$$P = A_1 \frac{1}{i} + G \frac{1}{i^2} = \frac{0.5}{0.1} + \frac{0.1}{0.1^2} = 15 亿美金$$

4.6.3　永续增长序列——等比增长(等比数列)

现实经济生活中更为常见的是等比序列的永续增长现金流。例如，企业的经营往往是假定永续经营，专业人士在对企业未来的经营情况进行预测的时候，也会预测一定的永续增长率。

根据前面的知识，我们知道，对于一个 n 期的等比序列的现金流，若第一年现金流为 A_1，其增长率为 j(即等比序列的比值为 $1 + j$)，其现值为

$$P = \begin{cases} A_1 \dfrac{1-(1+j)^n(1+i)^{-n}}{i-j} & j \neq i \\ A_1 n(1+i)^{-1} & j = i \end{cases}$$

显然，上述式子若 $n \to \infty$，只有当增长率 $j < i$ 时，其极限才存在。在给定 $j < i$ 这一条件下有：

$$P = \lim_{n\to\infty} A_1 \frac{1-(1+j)^n(1+i)^{-n}}{i-j} = A_1 \frac{1}{i-j}$$

上述公式非常简洁，却具有重要的作用。通过这一公式，可以把永续增长的现金流序列迅速折现。

例 4-13　欲在海外投资建设某一条收费高速公路，经过调研预测知，高速公路当年可产生现金流 0.5 亿美金，之后每年增长约 5%，收费年限为永久收费。基准利率为 10%，请问这一高速公路收费价值的现值是多少？

解答　根据前述知识，永续的等比增长序列现值为

$$P = A_1 \frac{1}{i-j} = \frac{0.5}{0.1-0.05} = 10 \text{ 亿美金}$$

需要注意的是，前述多期收付现金流转换为现值之后，这个现值的时间点比多期收付现金流的第一期还要早一期。我们通过下述例题说明这个情况。

例 4-14　欲在海外投资建设某一条收费高速公路，经过调研预测知，高速公路今后 10 年每年可产生现金流 0.5 亿美金，10 年之后每年增长净现金流约 5%，收费年限为永久收费。基准利率为 10%，请问这一高速公路收费价值的现值是多少？

解答　这个问题中我们可以把收费现金流分成两个部分分别计算其现值再相加。

第一部分为前 10 年每年相等的现金流，为一个 1 至 10 期的年值，其现值可以直接计算：

$$P_1 = A(P/A, i, n) = 0.5(P/A, 10\%, 10) = 3.07 \text{ 亿美金}$$

第二部分为从第 11 年开始的永续增长的等比序列，如果运用前述公式计算其现值，所对应的时间点是从第 11 年开始的初始时间点(第 11 年末的前一年年末)，即第 11 年年初(等价于第 10 年年末)。因此我们要进一步将其转换为初始年份的现值(第 0 年)，需要再将其折现。综上，这部分现金流的现值为

$$P = \left(A_{11} \frac{1}{i-j}\right)(P/F, i, 10) = \left(0.5 \times 1.05 \times \frac{1}{0.1-0.05}\right)(P/F, 10\%, 10) = 4.05 \text{ 亿美金}$$

可以知道上述全部现金流的现值为 3.07 + 4.05 = 7.12 亿美金。

习　题

1. 以按揭贷款方式购房，贷款 10 万元，假定年利率 6%，15 年内按月等额分期付款，

每月应付多少？

2. 某企业准备引进一条生产线，引进此生产线需要 150 万元，企业可以有两种付款方式：第一种是在签约时一次付清；第二种是签约时付 50 万元，生产线两年后投入运营，以后从每年的销售额 400 万中提取 5%用于还款(第三年末开始)，为期八年。请问企业需要采取何种付款方式？(年利率 10%)

3. 小张贷款上大学，年利率 6%，每学年初贷款 10 000 元，4 年毕业，毕业 1 年后开始还款，5 年内按年等额付清，每年应还多少？

4. 某机构准备在某大学设立一项奖学金，假设年利率为 10%，如果每年发放一次，每次 10 万元，发 10 年，此机构需要出资多少？如果每两年发放一次，每次 20 万元，那么情况又是如何？

5. 某企业年初从银行贷款 1200 万元，并商定从第 1 年开始每年年末偿还 250 万元，若银行利率按 10%计算，那么该企业大概在第几年可还清这笔贷款？

6. 如果租赁某仓库，目前年租金为 5000 元，预计租金水平在今后 20 年内每年上涨 6%。如果将该仓库买下来，需要一次性支付 70 000 元，但估计 20 年后可以原来价格的 2 倍出售。若投资收益率设定为 15%，问是租赁合算还是购买合算？

7. 租赁某仓库，目前年租金为 5000 元，预计租金水平在今后每年上涨 6%(持续上涨)。如果将该仓库买下来，需要一次性支付 100 000 元，可以永久使用。若投资收益率设定为 15%，请问是租赁合算还是购买合算？

8. 某人事业成功，想要设立一笔教育基金，为其家乡中学的优秀学生提供每年 5 万元的助学奖学金，时间为 50 年。在利率为 5%的情况下，他需要一次性捐赠多少钱？他如果想要建立永久教育基金，需要一次性捐赠多少钱？

9. 某人事业成功，捐赠了 200 万元建立教育基金。每年为其家乡中学的优秀学生提供等额的助学奖学金，时间为 50 年。在利率为 5%的情况下，每年可以提供多少奖学金？他如果想要建立永久教育基金，每年可以提供多少奖学金？

第 5 章
基于 Excel 的资金等值计算应用

在进行工程经济分析的过程中，无论是运用上一章所述公式，或者是查询复利系数表都稍显烦琐。Excel 提供了更为便捷的一系列资金等值计算函数，我们将在本章逐一介绍这些函数。结合 Excel 的自动填充功能，就能够非常快捷地进行复杂的资金等值计算。

5.1 计算现值——PV 函数

在 Excel 中，计算现值的函数是 PV，其语法格式为

$$= PV(rate, nper, pmt, [fv], [type])$$

其中：参数 rate 为各期利率；参数 nper 为投资期(或付款期)数；参数 pmt 为各期支付的金额，省略 pmt 参数就不能省略 fv 参数；fv 参数为期末收付值；省略 fv 参数即假设其值为 0，也就是一笔贷款的未来值为零，此时不能省略 pmt 参数；type 参数值为 1 或 0，用以指定付款时间是在期初还是在期末，如果省略 type 参数则假设值为 0，即默认付款时间在期末。需要注意的是：该函数返回的数值是符号相反的现金流。

终值转换为现值的计算应为

$$= - PV(rate, nper, , [fv])$$

上述公式需要注意的是参数 nper 与参数 fv 中间有两个逗号，即在进行终值转换为现值的计算中应该忽略参数 pmt。

年值转换为现值的计算应为

$$= - PV(rate, nper, pmt)$$

上述公式需要注意的是参数 pmt 后面不需要输入其他参数，在进行年值转换为现值的计算中应该忽略参数 fv。

例 5-1(计算复利现值) 某企业计划在 5 年后获得一笔资金 1 000 000 元，假设年投资报酬率为 10%，请问现在应该一次性地投入多少资金？

解答 在 Excel 任意单元格中输入下述公式：

$$= - PV(10\%, 5, ,1 000 000)$$

回车后，Excel 将返回计算结果为"¥620,921.32"。

例 5-2(计算普通年金现值)　某人计划购买一项基金，购买成本为 80 000 元，在以后 20 年内每月月末可获得回报 600 元。若要求最低年回报率为 8%，请问投资该项基金是否合算？

解答　我们可以把为期 20 年，共 240 个月的回报看作年值，在单期利率为 8%/12 的情况下计算其现值，如果现值大于等于 80 000，那么投资此项基金合算，否则则不合算。

在 Excel 任意单元格中输入下述公式可以计算其现值：

$$= -PV(8\%/12, 240, 600)$$

回车后，Excel 将返回计算结果"71 732.58"这个数小于 80 000，因此投资此项基金不合算。

例 5-3　请根据上述函数计算利率 i 为 1%，2%，3%，$\cdots$，15%，期限 n 为 1，2，3，$\cdots$，20 情况下的复利系数 $(P/F, i, n)$，$(P/A, i, n)$。

解答　复利系数可以看作对单位现金流进行等值计算的结果。因此，需要计算复利系数 $(P/F, i, n)$，我们把 1 单位现金流作为终值，转换为现值的结果即为该系数。类似地，$(P/A, i, n)$ 系数值是把 1 单位现金流作为年值，转换为现值的结果。

因此，利率 i 分别为 1%，2%，3%，$\cdots$，15% 情况下，期限 n 为 1，2，3，$\cdots$，20 的复利系数 $(P/F, i, n)$，$(P/A, i, n)$，可以通过 Excel 公式

$$= -PV(i, n, , 1)$$

和

$$= -PV(i, n, -1)$$

分别计算。结合第 2 章关于 Excel 单元格引用的知识，可以构建如图 5.1 所示的 Excel 表。

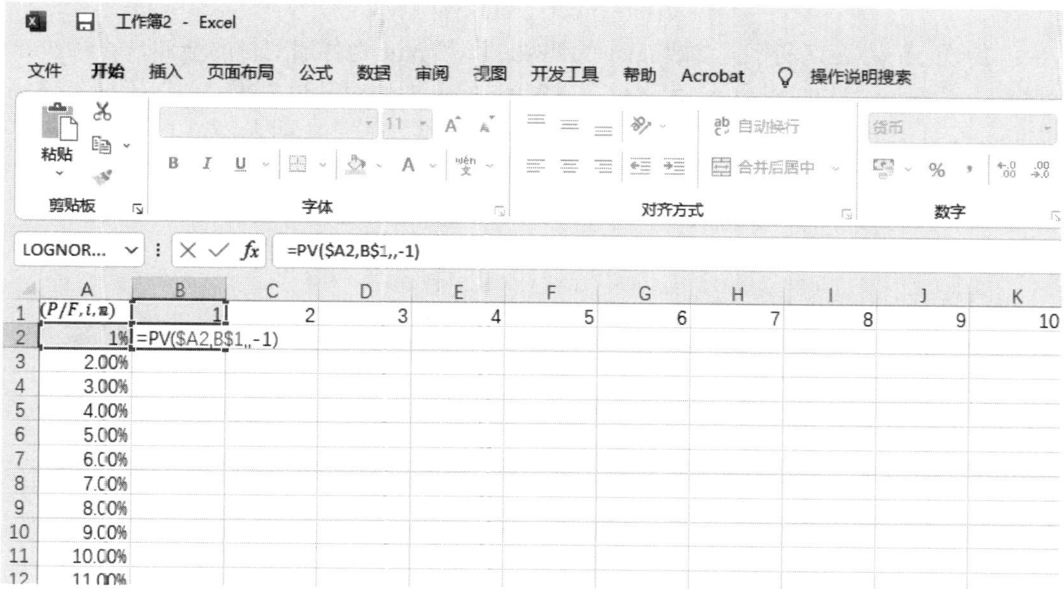

图 5.1　复利系数的计算公式

之后再自动填充，可以得到复利系数 $(P/F, i, n)$ 如图 5.2 所示。

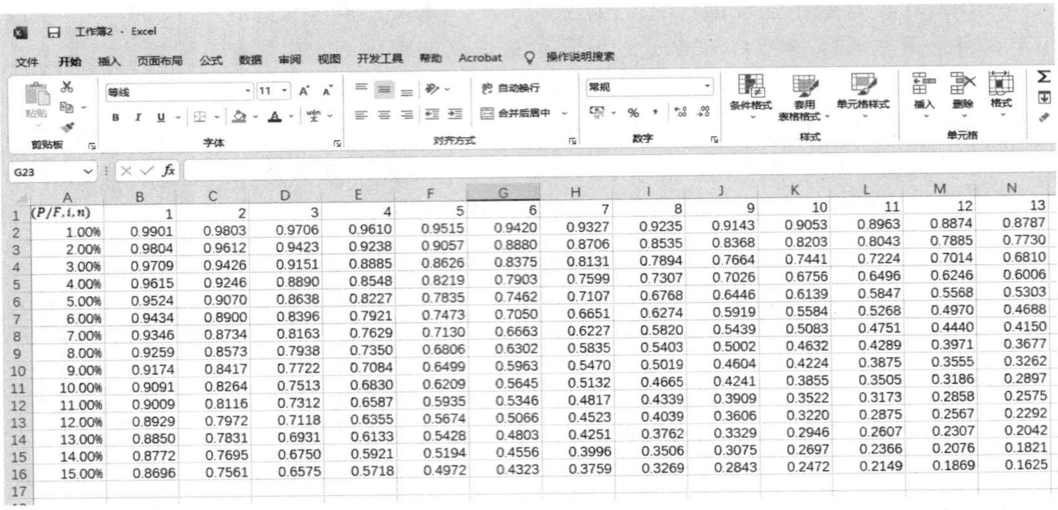

(P/F,i,n)	1	2	3	4	5	6	7	8	9	10	11	12	13
1.00%	0.9901	0.9803	0.9706	0.9610	0.9515	0.9420	0.9327	0.9235	0.9143	0.9053	0.8963	0.8874	0.8787
2.00%	0.9804	0.9612	0.9423	0.9238	0.9057	0.8880	0.8706	0.8535	0.8368	0.8203	0.8043	0.7885	0.7730
3.00%	0.9709	0.9426	0.9151	0.8885	0.8626	0.8375	0.8131	0.7894	0.7664	0.7441	0.7224	0.7014	0.6810
4.00%	0.9615	0.9246	0.8890	0.8548	0.8219	0.7903	0.7599	0.7307	0.7026	0.6756	0.6496	0.6246	0.6006
5.00%	0.9524	0.9070	0.8638	0.8227	0.7835	0.7462	0.7107	0.6768	0.6446	0.6139	0.5847	0.5568	0.5303
6.00%	0.9434	0.8900	0.8396	0.7921	0.7473	0.7050	0.6651	0.6274	0.5919	0.5584	0.5268	0.4970	0.4688
7.00%	0.9346	0.8734	0.8163	0.7629	0.7130	0.6663	0.6227	0.5820	0.5439	0.5083	0.4751	0.4440	0.4150
8.00%	0.9259	0.8573	0.7938	0.7350	0.6806	0.6302	0.5835	0.5403	0.5002	0.4632	0.4289	0.3971	0.3677
9.00%	0.9174	0.8417	0.7722	0.7084	0.6499	0.5963	0.5470	0.5019	0.4604	0.4224	0.3875	0.3555	0.3262
10.00%	0.9091	0.8264	0.7513	0.6830	0.6209	0.5645	0.5132	0.4665	0.4241	0.3855	0.3505	0.3186	0.2897
11.00%	0.9009	0.8116	0.7312	0.6587	0.5935	0.5346	0.4817	0.4339	0.3909	0.3522	0.3173	0.2858	0.2575
12.00%	0.8929	0.7972	0.7118	0.6355	0.5674	0.5066	0.4523	0.4039	0.3606	0.3220	0.2875	0.2567	0.2292
13.00%	0.8850	0.7831	0.6931	0.6133	0.5428	0.4803	0.4251	0.3762	0.3329	0.2946	0.2607	0.2307	0.2042
14.00%	0.8772	0.7695	0.6750	0.5921	0.5194	0.4556	0.3996	0.3506	0.3075	0.2697	0.2366	0.2076	0.1821
15.00%	0.8696	0.7561	0.6575	0.5718	0.4972	0.4323	0.3759	0.3269	0.2843	0.2472	0.2149	0.1869	0.1625

图 5.2　复利系数的计算结果

5.2 计算终值——FV 函数

在 Excel 中，计算终值的函数是 FV，其语法格式为

= FV(rate, nper, pmt, [pv], [type])

其中：参数 rate 为各期利率；参数 nper 为期数；参数 pmt 为各期支付的金额，省略 pmt 参数则不能省略 pv 参数；参数 pv 为现值，省略参数 pv 即假设其值为零，此时不能省略 pmt 参数；type 参数值为 1 或 0，用以指定付款时间是在期初还是在期末，如果省略 type 参数则假设值为 0，即默认付款时间在期末。

现值转换为终值的计算应为

= FV(rate, nper, , [pv])

年值转换为终值的计算应为

= FV(rate, nper, pmt)

类似地，现值转换为终值的计算中参数 pmt 应该忽略掉，年值转换为终值的计算中参数 pv 应该忽略掉。

例 5-4　向银行借款 1000 万元，年利率 8%，期限 5 年，到期一次还本付息。请问 5 年后应偿还多少万元？

解答　在 Excel 任意单元格中输入下述公式：

= −FV(8%, 5, ,1000)

回车后，Excel 将返回计算结果 1469.33 万元。

例 5-5　某企业筹建一个购房基金，每月月末存入银行 5 万元，共计 10 年，月利率为 0.5%，请问 10 年后该基金有多少万元？

解答　在 Excel 任意单元格中输入下述公式：

$$= -FV(0.5\%,\ 10*12,\ 5)$$

回车后，Excel 将返回计算结果 819.40 万元。

例 5-6　没有复利系数表，请根据上述函数计算利率 i 为 1%，2%，3%，…，15%，期限 n 为 1，2，3，…，20 情况下的复利系数$(F/P, i, n)$，$(F/A, i, n)$。

解答　过程类似于例 5-3，故略。

5.3　计算年值——PMT 函数

在 Excel 中，计算等额收(付)款的函数是 PMT，其语法格式为

$$= PMT(rate,\ nper,\ pv,\ [fv],\ [type])$$

现值转换为年值的计算应为

$$= PMT(rate,\ nper,\ pv)$$

终值转换为年值的计算应为

$$= PMT(rate,\ nper,\ ,\ [fv])$$

例 5-7(投资回收的年金测算)　假设以 10% 的年利率借款 20 000 元，投资于寿命为 10 年的某个项目。请问每年至少要收回多少资金才行？

解答　在 Excel 任意单元格中输入下述公式：

$$= -PMT(10\%,\ 10,\ 20\ 000)$$

回车后，Excel 将返回计算结果 3254.91 元。

例 5-8　某企业筹建一个购房基金，10 年后需要 500 万元，月利率为 0.5%，请问每月月末应存银行多少钱？

解答　在 Excel 任意单元格中输入下述公式：

$$= -PMT(0.5\%,\ 10*12,\ ,500)$$

回车后，Excel 将返回计算结果 3.05 万元。

5.4　运用 PV 函数进行复杂多次收付现金流的现值计算

根据 4.4.3 节的知识，我们知道对于复杂多次收付现金流的现值计算，需要将各期现金流现值分别折现再相加。如果运用公式或者查系数表的方法，效率较低。我们运用前面介绍的 PV 函数，结合 Excel 的公式引用、自动填充功能，再结合求和函数 SUM，可以快速进行现值计算。

例 5-9　某项目运营阶段各年现金流如表 5.1 所示，计算其总现值(利率为 10%)。

表 5.1　现 金 流 量 表

年　份	0	1	2	3	4	5	6	7	8	9	10
现金流/万元		2000	2100	2205	2315	2431	2553	2680	2814	2955	3103

解答　运用 PV 函数，可以直接计算第 1 期现金流的现值。在输入公式的时候，对于年份与现金流数据，可以直接引用表格里面相应的单元格。这样的话，通过自动填充，可以直接计算其余年份现金流的现值(见图 5.3、图 5.4)。

图 5.3　运用 PV 函数进行现值计算一

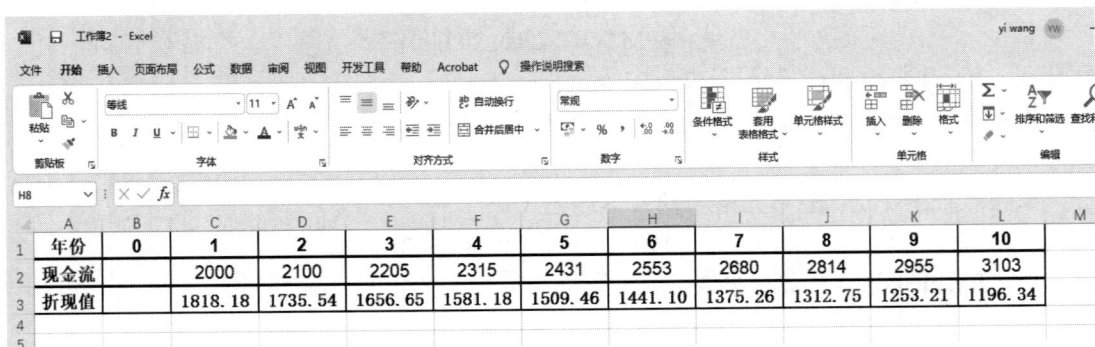

图 5.4　运用 PV 函数进行现值计算二

习　　题

1. 运用 Excel 中的 PV、SUM 函数计算表 5.2 所示的现金流的总现值，进一步运用 PMT、FV 函数计算与其等值的年值、终值。

表 5.2　现金流量表

年　份	1	2	3	4	5	6	7	8
净现金流/元	10 000	10 228	10 795	11 481	12 264	12 823	13 843	14 748

2. (1) 创建 2020—2040 年的销售数据：2020 年销售收入为 100 万元，之后每年增长 10%，但不超过 200 万元。

(2) 创建 2020—2040 年的经营成本数据：2020 年经营成本为 50 万元，之后每年增长 15%，但不超过 100 万元。

(3) 计算 2020—2040 年的经营利润：经营利润＝销售收入－经营成本。

假设经营利润就是企业的净现金流，请计算与上述企业净现金流等值的现值、年值与终值。

3. 欲投资建设某一条收费高速公路：

2018 年根据交通量估计可以收费 2000 万元(扣除运营成本后的净现金流)；

预计交通量前 15 年每年增长 5%(即收费总额每年增长 5%)；

高速公路从 2019 年开始运行收费，收费年限为 15 年；

折现率为 10%。

问：这一高速公路收费价值的总现值是多少？

4. 某人贷款买房，贷款额为 30 万元，还款年限为 10 年，贷款年名义利率为 5.5%，还款方式为每月月末还款；5 年之后，国家政策调整，银行贷款利率调整为 6%。此时，银行与他重新调整合同，贷款年名义利率为 6%，还款方式还是按月，每月月末还款。问：

(1) 前 5 年他每月还款额是多少？

(2) 重新签约之后，每月需要还款多少？

5. 欲投资建设某一条收费高速公路：

2018 年根据交通量估计可以收费 2000 万元(扣除运营成本后的净现金流)；

预计交通量前 15 年每年增长 5%(即收费总额每年增长 5%)，之后每年增长 2%；

高速公路从 2019 年开始运行收费，可永久收费；

折现率为 10%。

问：这一高速公路收费价值的总现值是多少？

6. 运用 Excel(或者其他电子表单软件)编制复利系数表。

(提示：某个复利系数值可以理解为一单位资金进行等值计算的结果。)

第6章
单一方案工程项目经济评价方法

工程经济学一个主要的研究问题就是对工程项目的可行性进行评价。工程项目的经济评价需要依赖一系列评价指标。工程项目的经济评价涉及工程项目的经济效果指标的计算。工程项目的经济效果指标，根据其量纲可以分为以下三类：

(1) 时间型指标：主要是投资回收期，反映项目时间上的经济效果。

(2) 价值型指标：包括净现值、净年值、费用现值、费用年值，反映项目的绝对经济价值。

(3) 效率型指标：无量纲指标，通常用百分比表示，包括净现值率、内部收益率、外部收益率等。

需要注意的是，不同的指标从不同角度考察项目的经济性，适用范围不同，工程经济分析应同时选用这三类指标。例如，价值型指标体现了项目的整体价值，往往与项目的规模相关，不能完全体现项目的单位投资效率，而效率型指标可以弥补价值型指标的这一缺点。

6.1 >>> 投资回收期

投资回收期法也称为返本期法，是反映一个项目清偿能力的重要指标，是指从项目的投资建设之日起，用项目所得的净收益偿还原始投资所需要的年限。一般情况下，投资回收期越短，项目的经济效果就越好。投资回收期法就是把投资回收期作为项目的评价指标的方法。在实际工作中，这一指标不单独使用，通常要与其他经济评价指标结合去评价某一方案或某一项目。按照是否考虑资金的时间价值可将投资回收期分为静态投资回收期与动态投资回收期两种。

6.1.1 静态投资回收期

静态投资回收期指工程项目从开始投资(或投产)，到以其净收益(净现金流量)抵偿全部投资所需要的时间，即使得工程项目累计现金流为 0 的时间。投资回收期一般以年为计算单位。需要注意的是，静态投资回收期的计算中不考虑资金的时间价值(即假定利率为 0)，不同时间点的现金流可以直接累加。可见，静态投资回收期 P_t 满足下述等式：

$$\sum_{t=0}^{P_t'}(\mathrm{CI}_t-\mathrm{CO}_t)=0$$

式中：P_t' 表示静态投资回收期；CI_t 表示第 t 期现金流入量；CO_t 表示第 t 期现金流出量；$(\mathrm{CI}_t-\mathrm{CO}_t)$ 表示第 t 期净现金流。

在给定各年份的现金流入及流出量的基础上，上述式子未必存在整数解。此时，可以运用线性插值的思路计算静态投资回收期的估计值。根据投资回收期的定义，计算各年的累计净现金流，静态投资回收期应当比"首次出现正值的年份"要小，同时又比"最后一次出现负值的年份"要大。

假设每一期的现金流是均匀(线性)的，那么静态投资回收期的计算公式应该为

$$P_t'=T'-1+\frac{\left|\sum_{t=0}^{T'-1}(\mathrm{CI}_t-\mathrm{CO}_t)\right|}{\mathrm{CI}_{T'}-\mathrm{CO}_{T'}}$$

式中：T' 表示累计净现金流出现正值的年份数；$\sum_{t=0}^{T'-1}(\mathrm{CI}_t-\mathrm{CO}_t)$ 为上一年累计净现金流；$\mathrm{CI}_{T'}-\mathrm{CO}_{T'}$ 为出现正值年份的净现金流。

由于上一年累计净现金流的实际含义是未回收现金流，因此 $\dfrac{\left|\text{上一年累计净现金流}\right|}{\text{出现正值年份的净现金流}}$ 体现的是这一年需要多长时间能够将未回收的现金流收回。例如，某项目初始投资是 100 万元，之后项目每年可以得到 30 万元的净现金流入。很显然项目在第 3 年累计现金流为 -10 万元，这意味着第三年尚有 10 万元现金未回收。项目第 4 年累计现金流首次出现正值(为 20 万元)，可以看到，投资回收期应该在第 3 年和第 4 年之间。进一步看，第 3 年尚未回收的现金流为 10 万元，在第 4 年可以看作花了 $10/30=1/3$ 年时间将其回收。因此投资回收期为 $4-1+10/30=3.33$ 年。事实上我们回头看这个项目：初始投资是 100 万元，之后项目每年可以得到 30 万元的净现金流入，显然投资回收期是 3.3 年。

在计算出静态投资回收期之后，将其与行业或部门的基准投资回收期 P_C' 进行比较。若 $P_t'\leqslant P_C'$，表明项目投入的总投资在规定的时间内可以收回，则认为项目是可行的。若 $P_t'\geqslant P_C'$，表明项目的总投资在规定的时间内无法收回，则认为项目是不可行的。

例 6-1　某项目各年净现金流及累计现金流如表 6.1 所示，计算其静态投资回收期。

表 6.1　现 金 流 量 表

年　份	0	1	2	3	4	5	6
净现金流/万元	−1000	200	300	200	100	400	200
累计现金流/万元	−1000	−800	−500	−300	−200	200	400

解答　由表 6.1 可观察到首次出现正值年份为第 5 年，运用公式可得

$$P_t'=5-1+\frac{|-200|}{400}=4.5\text{年}$$

我们也可以直接观察：第 4 年有 200 万元尚未回收，第 5 年净现金流为 400 万元。意味着第 5 年的 200/400 时间点刚好收回所有未回收的现金流，因此投资回收期为 4.5 年。

6.1.2 动态投资回收期

动态投资回收期 P_t 指在考虑资金时间价值的基础上，收回全部投资所需要的时间，即累计净现金流折现值为 0 的时间。因此，其计算公式为

$$\sum_{t=0}^{P_t}(\text{CI}_t - \text{CO}_t)(P/F,\ i,\ t) = 0$$

或

$$\sum_{t=0}^{P_t}(\text{CI}_t - \text{CO}_t)(1+i)^{-t} = 0$$

动态投资回收期考虑了利率 i 的影响。当 $i = 0$ 时，动态投资回收期与静态投资回收期相等。可见静态投资回收期是动态投资回收期的一个特例。

由于上述式子也未必存在整数解，在实际计算中往往运用下述公式计算其估计值：

$$P_t = T - 1 + \frac{\left|\sum_{t=0}^{T-1}[(\text{CI}_t - \text{CO}_t)(P/F,\ i,\ t)]\right|}{(\text{CI}_T - \text{CO}_T)(P/F,\ i,\ T)}$$

式中：T 表示累计净现金流折现值出现正值的年份数；$\sum_{t=0}^{T-1}[(\text{CI}_t - \text{CO}_t)(P/F,\ i,\ t)]$ 为上一年累计净现金流折现值；$(\text{CI}_T - \text{CO}_T)(P/F,\ i,\ T)$ 为出现正值年份的净现金流折现值。

类似于静态投资回收期公式，$\dfrac{\left|\sum_{t=0}^{T-1}[(\text{CI}_t - \text{CO}_t)(P/F,\ i,\ t)]\right|}{(\text{CI}_t - \text{CO}_t)(P/F,\ i,\ T)} = \dfrac{|\text{上一年累计净现金流折现值}|}{\text{出现正值年份的净现金流折现值}}$ 体现的是这一年需要多长时间能够将未回收的现金流收回。对比静态投资回收期，可以看到动态投资回收期需要额外将现金流转换为现值之后再进行其他计算。因此，相比于静态投资回收期的计算需要增加对各期现金流的折现计算。

计算出动态投资回收期之后，将其与行业或部门的基准投资回收期 P_C 进行比较。若 $P_t \leqslant P_C$，表明项目投入的总投资在规定的时间内可以收回，则认为项目是可行的。若 $P_t \geqslant P_C$，表明项目投入的总投资在规定的时间内无法收回，则认为项目是不可行的。

例 6-2 某项目各年净现金流及累计现金流如表 6.2 所示，计算其动态投资回收期(基准收益率为 10%)。

表 6.2 现金流量表

年 份	0	1	2	3	4	5	6
净现金流/万元	−1000	200	300	200	100	400	200
累计现金流/万元	−1000	−800	−500	−300	−200	200	400

解答 针对该问题，我们先将现金流折现(可以查阅折现系数)，进而计算各期的现金流折现值的累加值，如表 6.3 所示。

表 6.3　折现值的累加值

年　份	0	1	2	3	4	5	6
净现金流/万元	−1000	200	300	200	100	400	200
折现系数($P/F, i, n$)	1.00	0.91	0.83	0.75	0.68	0.62	0.56
现金流折现值/万元	−1000	182	249	150	68	248	112
现金流折现值的累计值/万元	−1000	−818	−569	−419	−351	−103	9

注意到累计值首次出现正值的年份为第 6 年，运用公式可得

$$P_t = 6 - 1 + \frac{|-103.32|}{112.89} = 5.9 年$$

6.1.3　投资回收期法的优缺点

静态投资回收期法计算方便，但是没有考虑时间价值，适合于短期项目的初步评价。动态投资回收期法虽然考虑了资金时间价值，可以弥补这个缺点，但两种回收期法都只是考虑能否在一定的时间内收回投资，没有考虑项目在回收期之后的现金流价值，缺乏对项目整个寿命期的收益能力的考虑。因此，在评价单一项目时，投资回收期可以作为一个重要的评价指标，但若是比较不同项目时，要慎用回收期法。投资回收期法也有其自身优点，特别是可以显示资本周转速度，能够在一定程度上体现投资的风险。

6.2　净现值法及净现值函数

6.2.1　净现值分析法

1. 概念

净现值(Net Present Value，NPV)是项目投资所产生的所有未来净现金流的折现值之和与项目初始投资的差额。即按照一定的折现率(基准收益率)，将方案计算期内的净现金流折现到计算基准年(通常是期初，即第 0 年)的现值的代数和，进而根据净现值的大小来评价投资方案。

根据上述定义，可知净现值的计算公式为

$$NPV = \sum_{t=0}^{r} (CI_t - CO_t)(1+i)^{-t}$$

利用一次支付现值公式或者等额支付现值公式，将项目寿命期内各年发生的净现金流折现到期初，再相加。其计算公式为

$$NPV = \sum_{t=0}^{n} (CI_t - CO_t)(P/F, i, t)$$

此外，对于一些项目，如果知道期初的投资是 K，后续的现金流为 $\mathrm{NCF}_1, \cdots, \mathrm{NCF}_n$，净现值的计算公式也可以写作

$$\mathrm{NPV} = -K + \sum_{t=1}^{n} \mathrm{NCF}_t \left(P/F, \, i, \, t \right)$$

例 6-3 某项目各年净现金流及现金流折现值如表 6.4 所示，计算其项目 NPV(基准收益率为 10%)。

表 6.4 现金流折现值

年 份	0	1	2	3	4	5	6
净现金流/万元	-1000	200	300	200	100	400	200
折现系数($P/F, i, n$)	1.00	0.91	0.83	0.75	0.68	0.62	0.56
现金流折现值/万元	-1000	182	249	150	68	248	112

解答 将各年现金流的折现值累加起来，可得

$$\mathrm{NPV} = -1000 + 182 + \cdots + 112 = 9 \text{ 万元}$$

对于除了初始年份以外的其余各年净现金流相等的特殊项目，可以将其余各年的现金流当作年值统一折现，其计算公式为

$$\mathrm{NPV} = -K + \mathrm{NCF}_t(P/A, i, n)$$

2. 判定准则

在计算出净现值 NPV 之后，判断单个项目是否可行的准则为：

(1) 如果 NPV > 0，说明项目不仅能够达到基准收益率的水平，而且还具有超过预期收益的额外盈余，因此项目可行；

(2) 如果 NPV = 0，说明项目恰好能够达到基准收益率的水平，因此项目可行；

(3) 如果 NPV < 0，说明项目不能够达到基准收益率的水平，因此项目不可行。

如果有多个项目，净现值也是一个比较方案优劣的重要指标，但是我们不能一概认为净现值大的方案就优于净现值小的方案。

例 6-4 某项目各年净现金流如表 6.5 所示，计算其项目 NPV(基准收益率为 10%)。

表 6.5 现 金 流 量 表

年 份	0	1	2	3	4	5	6
净现金流/万元	-1000	200	200	200	200	200	200

解答 注意到各经营年份的现金流相等，我们可以将这些年的现金流当作现金年值，直接将其全部转换为现值，再加上初始年份的净现金流即可得

$$\mathrm{NPV} = -1000 + 200(P/A, 10\%, 6) = -128.9 \text{ 万元}$$

由于净现值小于 0，故项目不可行。

3. 净现值法的优缺点

净现值法的优点如下：

(1) 考虑了资金的时间价值。

(2) 反映了项目整个寿命期的超过预期的收益。

(3) 经济意义直观，直接以货币额表示超预期的净收益。

净现值法的缺点如下：

(1) 净现值的大小与项目的规模相关，规模越大的项目其净现值有可能越大，而相对小规模的项目其净现值不会太大。因此净现值不能反映投资的效率，即单位投资的盈利能力。例如，A 项目初始投资为 100 万元，净现值为 100 万元，而 B 项目初始投资为 20 万元，净现值为 50 万元。我们可以看到虽然 A 项目具有更高的净现值，但是显然 B 项目的单位投资效率更高。

(2) 净现值体现了项目的总体盈利效果，无法体现项目相应的单位时间的盈利能力。例如，甲项目寿命期为 10 年，净现值为 100 万元，而乙项目寿命期为 3 年，净现值为 80 万元。虽然甲项目具有更好的净现值，但是显然乙项目具有更高的时间效率。

(3) 净现值的具体值受到基准收益率的取值影响，而基准收益率的确定往往是比较困难的，且易受到工程经济分析人员主观因素的影响。

6.2.2　净现值函数

根据净现值的计算公式，可以发现净现值的大小不仅仅取决于项目各年的现金流($CI_t -$ CO_t)，还取决于项目评价人对基准收益率 i 的选择。项目各年的现金流($CI_t - CO_t$)是由项目内部属性所决定的，不依赖于项目评价人进行项目分析时所采用的参数。基准收益率 i 的选择取决于项目评价人。我们可以把一个项目的净现值看作基准收益率的函数，即

$$NPV(i) = \sum_{t=0}^{n}(CI_t - CO_t)(1+i)^{-t}$$

上述函数我们称之为净现值函数。显然净现值 $NPV(i)$ 是关于基准折现率 i 的减函数，即基准折现率越高，净现值越小；基准折现率越低，净现值越大。当基准折现率 $i = 0$ 时，净现值为寿命期所有现金流之和，即 $NPV(i) = \sum_{t=0}^{n}(CI_t - CO_t)$；当基准折现率 $i \to \infty$ 时，$NPV(i) = CI_0 - CO_0$。如图 6.1 所示是一个典型的净现值函数的曲线。

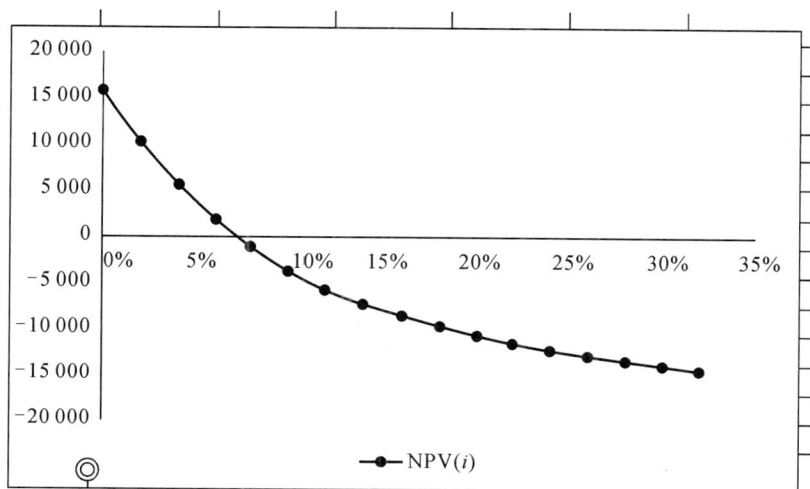

图 6.1　净现值函数曲线

6.2.3　现值分析

将一个项目未来的预期收入按照一定的基准折现率全部折现并相加，以其净现值(NPV)作为进一步评判的依据，这种方法称为现值分析(Present Worth Analysis)，在企业估值中也被称为"折现法"(Discounted Cash Flow，DCF)。现值分析不仅可以用于单一工程项目经济评价中，也可以用于多个方案的比选。

此外，现值分析在股票估值及企业收购估值中也是一种常见的方法。一般来说，一个企业的收购价格等于其所有未来预期现金流的折现值减去其负债总额，即

$$企业收购价格 = DCF - 负债总额$$

$$股票预期收购价格 = 持有期内的预期分红折现值之和 + 持有期结束时预期出售价折现值$$

例6-5　预计某企业未来 10 年内每年可产生息税后收入(可视作净现金流入)2000 万元，10 年后将持续增长(永续增长率为 1%)。若想要收购该企业，运用 DCF 方法估算其合理的收购价格(折现率为 10%)。

解答　根据 DCF 方法，我们只需要将未来所有的现金流折现并相加即可。前 10 年的现金总折现值为

$$2000 \times (P/A, 10\%, 10) = 2000 \times 6.14 = 12\ 280\ 万元$$

10 年以后的全部现金流的折现值为(具体原理可以参阅 4.6.3 节永续增长序列中关于现值计算的知识点)

$$\frac{2000 \times (1 + 10\%)}{10\% - 1\%} \times (P/F, 10\%, 10) = 8568\ 万元$$

因此根据 DCF 方法，该企业的估值为

$$DCF = 12\ 280 + 8568 = 20\ 848\ 万元$$

6.3 ▶▶▶ 净现值率、净年值法

6.3.1　净现值率

净现值法由于与项目规模相关，不能反映投资的效率，即单位投资的盈利能力，因此在需要考虑投资效率时，特别是多个方案的比选中，缺点明显。弥补这个缺点的直接方式就是将净现值与项目的投资要求进行比较。净现值率法就是这一思路的体现，净现值率 NPVR 是指按基准折现率计算的方案寿命期内的净现值 NPV 与其全部投资现值 K_P 的比率。净现值率 NPVR 的计算公式为

$$NPVR = \frac{NPV}{K_P}$$

净现值率体现了单位投资现值所取得的净现值，或单位投资现值所取得的超额收益现值。净现值率反映了投资资金的利用效率，常作为净现值指标的辅助指标。净现值率的最

大化，有利于使有限投资取得的净贡献最大化。

运用净现值率对单一方案进行判断时，与净现值法的评判准则是一致的，即只要净现值率非负，项目就可行。净现值率的主要使用价值在多方案选取问题上。我们在下一章会看到 NPVR 在多方案选取问题上的作用。

例 6-6　某工程有 A、B 两种方案可行，现金流量见表 6.6，设基准折现率为 10%，试用净现值法和净现值率法择优。

表 6·6　现金流量表

年　份	0	1	2	3	4	5	6
A 方案净现金流/万元	−1000	300	300	300	300	300	300
B 方案净现金流/万元	−2000	400	400	400	600	600	600

解答　根据定义，两个方案的净现值分别为

$$\text{NPV}_A = -1000 + 300(P/A, 10\%, 6) = 306.6 \text{ 万元}$$

$$\text{NPV}_B = -2000 + 400(P/A, 10\%, 3) - 600(P/A, 10\%, 3)(P/F, 10\%, 3) = 115.8 \text{ 万元}$$

进一步可以计算两个方案的净现值率：

$$\text{NPVR}_A = \frac{\text{NPV}_A}{K_A} = 0.306, \quad \text{NPVR}_B = \frac{\text{NPV}_B}{K_B} = 0.058$$

6.3.2　净年值

净现值法的另一个缺点是，当对多个方案进行比选时，寿命期不同的方案直接比较其净现值是不合适的。比如，需要在 A、B 两个项目中选择一个进行投资，A 项目寿命期为 2 年，净现值为 100 万元，而 B 项目寿命期为 20 年，净现值为 120 万元。根据净现值法，B 项目的净现值更大，但是我们可以看到，B 项目需要的时间远远大于 A 项目的时间。

净年值法能够弥补净现值法对时间考虑的不足。净年值法是将方案在分析期内各时间点的净现金流量按基准收益率折算成与其等值的整个分析期内的等额支付序列年值后再进行评价、比较和选择的方法。我们将这个转换后的等额支付序列年值称为项目的净年值(Net Annual Value，NAV)。

1. 计算方法

净年值 NAV 的计算公式为

$$\text{NAV} = \text{NPV}(A/P, i, n)$$

2. 判别准则

对单一方案作出评判时，净年值法与净现值法的评判准则是一致的，即只要净年值非负，项目就可行。多方案比较时，净年值越大的方案的经济效果越好。

根据公式可以看到净年值 NAV 与净现值 NPV 成比例关系，比例为 $(A/P, i, n)$，因此两个指标的符号相同，故评价结论等效。

3. 经济含义

NAV 是项目在寿命期内每年的超额收益。净年值指标特别适用于寿命期不等的方案之

间的评价、比较和选择。需要指出的是，当需要在多个方案中选取一个方案时，净年值 NAV 指标是一个极其重要的指标(几乎是最易计算且公正的指标)。

例 6-7 某高速公路项目设计方案总投资为 20 亿元，投产后年经营成本为 5000 万元，年收费额为 1.5 亿元，第 5 年年末工程项目配套追加投资 2 亿元，若项目寿命期为 30 年，基准收益率为 10%，残值等于零。试计算投资方案的净现值和净年值。

解答 根据定义，方案的净现值为

$$NPV = -20 + (1.5 - 0.5) \times (P/A, 10\%, 30) - 2 \times (P/F, 10\%, 5) = 306.6 \text{ 亿元}$$

进一步转换为项目寿命期的等额年值：

$$NAV = NPV(A/P, 10\%, 3) = 115.8 \text{ 亿元}$$

6.4 ⟫⟫⟫ 内部收益率

6.4.1 概念

内部收益率(Internal Rate of Return，IRR)又称内部报酬率，就是资金流入现值总额与资金流出现值总额相等、净现值等于零时的折现率，是除净现值以外的另一个最重要的动态经济评价指标。从投入的角度，IRR 反映项目所能承受的最高利率；从产出的角度，IRR 代表项目能得到的收益程度。因此内部收益率与净现值、净年值的评价结论一致。

根据定义，内部收益率 IRR 是使得净现值函数取值为 0 的利率，即使等式 NPV(IRR) = 0 成立的解，即

$$\sum_{t=0}^{n}(CI_t - CO_t)(1 + IRR)^{-t} = 0$$

也就是说，IRR 是 NPV 函数曲线与横坐标的交点处的折现率(见图 6.2)。

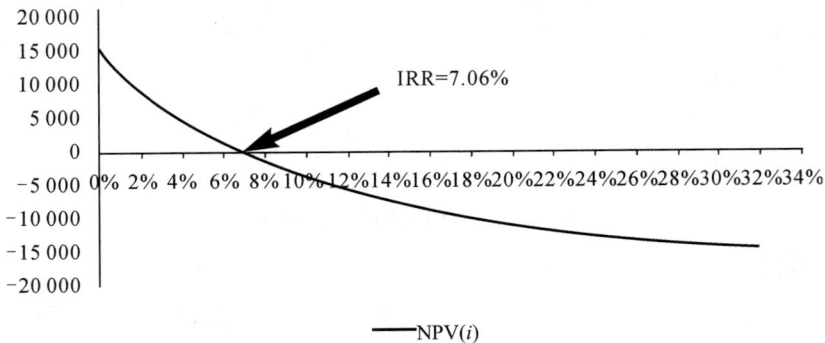

图 6.2 IRR 与 NPV 函数曲线

6.4.2 判别准则

将所求得的内部收益率 IRR 与行业基准收益率(基准折现率)i_C 相比较，如果 IRR $\geq i_C$，说明方案达到了行业基准收益率的获利水平，项目可行；若 IRR $< i_C$，则表明项目不可行。

6.4.3　经济学含义

内部收益率是用于研究项目方案全部投资的经济效益问题的指标，其数值大小表达的并不是一个项目初始投资的收益率，而是尚未回收的投资余额的年盈利率。

由图 6.3 可知，IRR 不仅是使各期净现金流量的现值之和为零的折现率，而且也是使各年年末净收益和未回收的投资在期末的代数和为零的折现率。例如，从第 10 年年初看，项目尚有 7677 万元的资金现值需要收回，而之后的 5 年内，所收回的资金的现值恰好为 7677 万元。内部收益率是项目在寿命期内，尚未回收的投资余额的盈利率。其大小与项目初始投资和项目在寿命期内各年的净现金流量有关。在项目的整个寿命期内，按利率 $i = $ IRR 计算，始终存在未能收回的投资，而在寿命期结束时，投资恰好被完全收回。换句话说，项目在寿命期内，始终处于"偿付"未被收回的投资的状况，其"偿付"能力完全取决于项目内部，故有"内部收益率"之称谓。

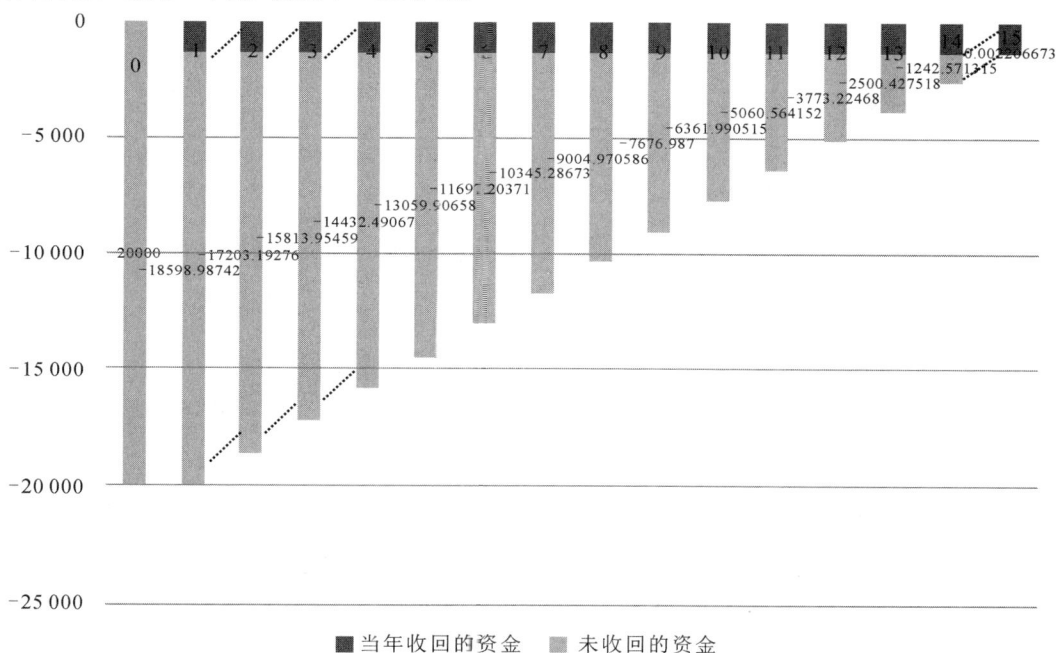

图 6.3　IRR 的经济学含义

事实上，由于内部收益率是使得净现值为 0 的利率，即 NPV(IRR) = 0。当我们把项目现金流转换到任意时间点的等值资金，即 NPV(IRR)乘任意复利系数，其值都为 0。这也从数学上解释了图 6.3 中为何从任意一个时间点看，未收回的资金在未来都可以收回的原因。

6.4.4　求解内部收益率

1. 线性插值法

1) 线性插值法原理

求解内部收益率的方程事实上是求解一个高次方程。根据内部收益率 IRR 的定义，我们知道它满足下列方程：

$$\sum_{t=0}^{n}(\mathrm{CI}_t - \mathrm{CO}_t)(1+\mathrm{IRR})^{-t} = 0$$

让 $a_t = \mathrm{CI}_t - \mathrm{CO}_t$, $x = (1+\mathrm{IRR})^{-1}$, 上式变成

$$\sum_{t=0}^{n} a_t x^t = 0$$

可以看到这是一个高次方程。高次方程的精确求解较为复杂(一般的高次方程没有解析解),但可以采用线性插值法求出近似解。线性插值法的思路是将净现值函数在很短的区间内当作线性函数,进而利用线性比例的性质计算出估计值。

线性插值法具体的思路是:对于图 6.4 显示的净现值函数曲线,我们用直线 AB 作为曲线 AB 的近似估计线。用直线 AB 与横轴的交点 B' 所在的横坐标 IRR_{AP} 作为曲线 AB(净现值函数曲线)与横轴的交点横坐标 IRR 的近似估计值。

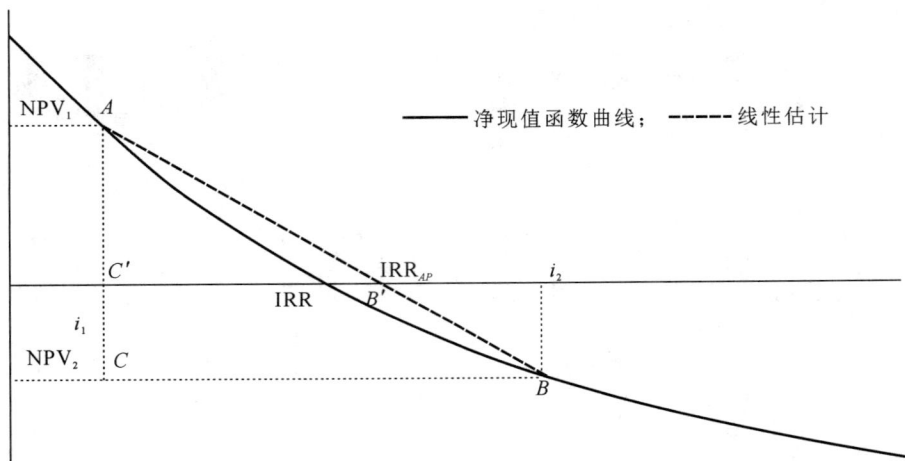

图 6.4 线性插值法估算 IRR 示意图

首先,我们需要构建直线 AB。取接近于内部收益率的利率 i_1 和 i_2,使得利率为 i_1 的情况下净现值大于等于 0($\mathrm{NPV}(i_1) \geq 0$),利率为 i_2 的情况下净现值小于等于 0($\mathrm{NPV}(i_2) \leq 0$)。这时,我们就确定了直线 AB。可以观察到:直线 AC 的长度为 $\mathrm{NPV}(i_1) + |\mathrm{NPV}(i_2)|$,直线 AC' 的长度为 $\mathrm{NPV}(i_1)$,直线 BC 的长度为 $i_2 - i_1$。另外,由于点 C' 的横坐标是 i_1,如果可以知道直线 $B'C'$ 的长度,就可以得出 B' 的横坐标了,即

$$B' \text{ 的横坐标} = C' \text{ 的横坐标} + \text{线段 } B'C' \text{ 的长度}$$

显然三角形 ABC 与三角形 $AB'C'$ 是相似三角形,所以我们有

$$\frac{AC'}{AC} = \frac{B'C'}{BC}$$

可以看到

$$B'C' = BC \times \frac{AC'}{AC}$$

经过整理,我们可以得出

$$\mathrm{IRR}_{AP} = i_1 + BC \times \frac{AC'}{AC} = i_1 + (i_2 - i_1) \times \frac{\mathrm{NPV}(i_1)}{\mathrm{NPV}(i_1) + |\mathrm{NPV}(i_2)|}$$

可以这样理解上述公式：如果 $NPV(i_1) \geqslant 0$，且 $NPV(i_2) \leqslant 0$，那么内部收益率应该在 $i_1 \sim i_2$ 之间。另外，如果 $NPV(i_1) = 0$，或者 $NPV(i_2) = 0$，从上述公式不难看到 $IRR = i_1$ 或者 $IRR = i_2$。

2) 插值法求解内部收益率步骤

第一步，选取 i_1 和 i_2，满足条件：$i_1 > i_2$，$i_1 - i_2 < 5\%$。计算利率为 i_1 的情况下的净现值 $NPV(i_1)$ 和利率为 i_2 的情况下的净现值 $NPV(i_2)$。如果 $NPV(i_1) > 0$ 且 $NPV(i_2) < 0$，则进入下一步，否则重新选取 i_1 和 i_2。

第二步，将符合条件的 i_1 和 i_2，连同 $NPV(i_1)$ 和 $NPV(i_2)$ 代入上述公式计算内部收益率的估计值 IRR_{AP}。

例 6-8　某工程项目的预测现金流量如表 6.7 所示，设基准折现率为 10%，试用插值法分析该项目的内部收益率。

表 6.7　现金流量表

年　份	0	1	2	3	4	5	6
净现金流/万元	−1000	300	300	300	300	300	300

解答　首先选取利率 $i_1 = 10\%$，计算其净现值：

$$NPV(i_1) = -1000 + 300(P/A, 10\%, 6) = 306.6 \text{ 万元}$$

此时项目净现值大于 0，因此我们可以考虑计算 $i_2 = 15\%$ 时候的净现值：

$$NPV(i_2) = -1000 + 300(P/A, 15\%, 6) = 135.3 \text{ 万元}$$

项目净现值依旧大于 0，因此我们可以考虑计算 $i_3 = 20\%$ 时候的净现值：

$$NPV(i_3) = -1000 + 300(P/A, 20\%, 6) = -2.3 \text{ 万元}$$

此时，由于 $NPV(i_2) > 0$，$NPV(i_3) < 0$，且 $i_3 - i_2 \leqslant 5\%$，我们可以采用线性插值的公式：

$$IRR_{AP} = 15\% + (20\% - 15\%) \times \frac{135.3}{135.3 + |-2.3|} = 19.9\%$$

内部收益率大于基准收益率 10%，故项目可行。

2. 内部收益率的唯一性

根据前述知识，我们知道求解内部收益率需要求解类似于以下形式的高次方程：

$$\sum_{t=0}^{n} a_t x^t = 0$$

n 次方程可能存在 n 个实数解，因此求解上述方程可能导致内部收益率不唯一。在进一步讨论这个问题之前，我们需要复习下述数学定理。

笛卡儿符号法则：若方程的系数序列 $\{a_0, a_1, \cdots, a_n\}$ 的正负号变化次数为 p，则方程的正根个数(1 个 k 重根按 k 个根计算)等于 p 或比 p 少一个正偶数。

① 当 $p = 0$ 时，方程无正根；

② 当 $p = 1$ 时，方程有且仅有一个单正根。在 $-1 < IRR < +\infty$ 的范围内，若项目净现金流量序列 $(CI - CO)_t$ 的正负号仅变一次，内部收益率方程肯定有唯一解；

③ 当 $p > 1$ 时，内部收益率方程可能有多个解。

对于大部分的工程项目，现金流变化的次数只有一次，因此方程存在唯一的解，这就保证了内部收益率的唯一性。

例 6-9 某工程项目的预测现金流量见表 6.8，设基准折现率为 10%，试分析该项目的内部收益率。

表 6.8 现金流量表

年 份	0	1	2	3
净现金流/万元	−1000	4700	−7200	3600

解答 绘制该项目的净现值函数曲线，如图 6.5 所示。

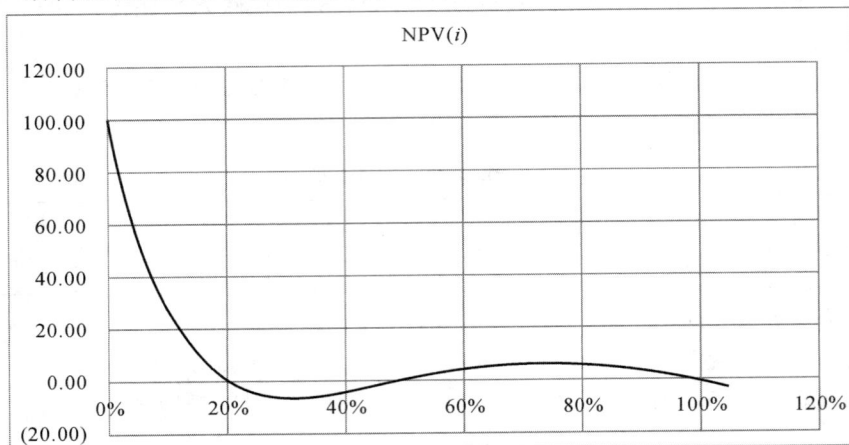

图 6.5 内部收益率不唯一

可见，使得净现值为 0 的利率有三个，分别是 20%、50% 和 100%。

6.4.5 内部收益率指标的优缺点

内部收益率的优点非常明显，具体如下：

(1) 它考虑了资金的时间价值，也考虑了项目全部寿命期的收益情况，因此非常全面。

(2) 内部收益率不需要事先确定一个基准折现率，因此该指标不易受到分析者主观条件的影响，相对较为客观。

内部收益率的缺点主要在于计算方面，具体如下：

(1) 由于内部收益率需要求解高次方程，而高次方程可能没有实数根，或者有很多个实数根。

(2) 即便是只存在一个实数根，求解高次方程也没有一般的求根公式，因此需要借助线性插值等估计方法。

6.5 收益项目与成本项目

前面章节中涉及的项目，都是对项目的盈利、收益能力进行评估。在工程经济分析中，有时候在比较方案时，若方案的寿命期和生产能力相同，也就是销售收入相同时，或者两个方案的效益基本相同，但它们有无形效益而且难以估算时，如安全保障、环境保护、劳动条件改善等，为了简化计算，可不必考虑其相同因素(收入或无形效益)，仅比较其成本费用。前一类项目，我们称之为收益项目；后一类项目，我们称之为成本项目。

对于成本项目，我们可以只对各方案的费用进行比较，选择方案。例如，制造企业的某些设备需要进行更换时，可以更换最新设备，或者维修现有设备等，工程师在进行工程经济分析时，对于这些方案的比较往往只比较成本费用。对于多种方案的成本费用比较，由于不存在现金流入，为了方便计算，往往在计算中将支出值的负号省去。而对于一些补偿成本费用的现金流(例如残值收入)，我们当作负值处理。最后在比选时，再按照费用小的原则进行比选。对成本项目进行评价的指标主要有费用现值和费用年值两个指标。

6.5.1　费用现值(PC)

费用现值 PC 就是将项目寿命期内所有现金流出按基准折现率换算成基准年的现值的累加值。

$$PC = \sum_{t=0}^{n} C_t (F/A,\ i,\ t) = \sum_{t=0}^{n} C_t (1+i)^{-t}$$

在多个方案中若产出相同或满足需要相同，用费用最小的选优原则选择最优方案，即满足 $\min\{PC_j\}$ 的方案是最优方案。需要注意的是，在使用费用现值指标选取方案时，要注意下述几点：

(1) 其适用于产出相同或满足相同需要的各方案之间的比较；

(2) 被比较的各方案，特别是费用现值最小的方案，应达到盈利目的(产出价值可以计量时)；

(3) 只用于判别方案优劣，不能判断方案是否可行；

(4) 被比较的方案寿命期应当相同。

6.5.2　费用年值(AC)

事实上，由于缺乏对于寿命期内费用分摊的体现，费用现值这一指标的作用较为有限。由于工程项目的不同方案往往寿命期并不相同，因此我们需要能够体现寿命期内费用分摊的指标。费用年值 AC 能够体现项目的时间特性，因此是多方案比选时最常用的指标之一。费用年值 AC 的计算公式为

$$AC = PC(A/P,\ i,\ n)$$

在计算出费用年值之后，多个方案之间，我们应当选取费用年值最小的方案，即满足 $\min\{AC_j\}$ 的方案是最优方案。费用年值能够体现不同方案的年费用，因此能够体现方案的单位时间成本费用，这是它相对于费用现值指标的优势。在多个方案进行比较时，费用年值是一个有效的指标。

例 6-10　某市地铁项目中，有两个过江方案：A 方案为江底隧道，初始投资 10 亿元，预计可用 50 年，年运营成本预计为 0.5 亿元；B 方案为钢铁结构桥梁，初始投资 5 亿元，预计可以使用 30 年，年运营成本预计为 0.2 亿元。设基准折现率为 10%，试运用净年值指标比较两个方案的优劣。

解答 根据定义，先计算 A、B 方案的费用现值分别为

$$PC_A = 10 + 0.5(P/A, 10\%, 50) = 14.96 \text{ 亿元}$$
$$PC_B = 5 + 0.2(P/A, 10\%, 30) = 6.89 \text{ 亿元}$$

进一步转换为项目寿命期的等额年值：

$$AC_A = PC_A(A/P, 10\%, 50) = 1.51 \text{ 亿元}$$
$$AC_B = PC_B(A/P, 10\%, 30) = 0.73 \text{ 亿元}$$

可以看到，根据费用年值指标，应当选择 B 方案。

习　题

一、选择题

1. 某开发项目第 4 年的累计净现金流量出现正值，上一年的累计净现金流量为 −1000 万元，第 4 年净现金流量为 2000 万元，其静态投资回收期为(　　)年。

A. 3.5　　　　　　　B. 4.0　　　　　　　C. 4.5　　　　　　　D. 5.5

2. 需要计算某高速公路项目的内部收益率。在利率为 5% 的情况下，其净现值 NPV 为 1 亿元，在利率为 10% 的情况下，其净现值 NPV 为 −2 亿元。以下说法正确的是(　　)。

A. 该项目内部收益率小于 10%　　　　　B. 该项目内部收益率为 10%～15%
C. 该项目内部收益率大于 15%　　　　　D. 该项目内部收益率为负值

3. 利用净现值评估项目时，该开发项目在经济上可取的条件是(　　)。

A. NPV＞0　　　　B. NPV＜0　　　　C. NPV = 0　　　　D. NPV≥0

二、计算分析题

1. 某投资方案的现金流如表 6.9 所示，基准折现率为 10%。

表 6.9　现 金 流 量 表

年　份	0	1	2	3	4	5	6
现金流/万元	−1000	250	250	250	250	250	250

(1) 补充完成表 6.10，并计算项目的动态投资回收期(注：$i = 10\%$ 时的复利系数表请查看附录 B)。

表 6.10　动态投资回收期计算表

年　份	0	1	2	3	4	5	6
净现金流/万元	−1000	250	250	250	250	250	250
折现系数(P/F, 10%, n)							
现金流折现值/万元							
现金流折现值各年累计值/万元							
动态投资回收期/年							

(2) 计算或说明该项目的净现值。

(3) 运用插值法估算内部收益率。[注：(P/A, 15%, 6) = 3.78]

2. 某投资机构以 15 000 元/平方米的价格购买了一栋商业大厦 48 年的经营权用于出租，建筑面积为 27 000 平方米。该机构在购买该商业大厦过程中先后支付了购买价格 4%的契税、0.5%的手续费和 0.5%的律师费及 0.3%的其他费用。全部使用自有资金支付。预计该商业大厦的经营期内，月租金水平始终维持在 160 元/平方米，前 3 年的出租率分别为70%、75%及 85%，从第四年开始到经营期结束出租率将保持在 95%的水平。如果经营期间每年的运营成本为毛租金收入的 30%，购买大厦的经营权变动发生在第一年的年初，此后每年的净经营收入均发生在年末。请在折现率为 10%的情况下完成下列工作：

(1) 制表分析各年的净现金流；

(2) 试分析该项目的投资回收期、净现值；

(3) 绘制净现值曲线。

3. 某企业投资一个短期项目，方案寿命期内的现金流估算如表 6.11 所示。

表 6.11　现 金 流 量 表

年　份	0	1	2	3	4
现金流/万元	-2000	1000	1000	1000	1000

(1) 请计算不同折现率对应的该投资的净现值(NPV)，并填写表 6.12。

表 6.12　净 现 值 函 数

i	0	10%	20%	30%	35%	40%	∞
NPV(i)							

注：(P/A, 0%, 4) = 4; (P/A, 10%, 4) = 3.17; (P/A, 20%, 4) = 2.59; (P/A, 30%, 4) = 2.17; (P/A, 35%, 4) = 2; (P/A, 40%, 4) = 1.85。

(2) 根据表 6.11 及表 6.12 绘制净现值函数曲线。

(3) 根据表 6.11 及表 6.12 或者净现值函数曲线，说明该项目的内部收益率(IRR)。

4. 某公司欲投资建设一条海外收费高速公路，预期投资额为 30 亿元人民币，该收费高速公路可永久收费，预计经营期每年收费带来的净现金流入为 6 亿元人民币。基准收益率为 10%。请计算：

(1) 该项目的净现值(NPV)；

(2) 该项目的净年值(NAV)；

(3) 该项目的内部收益率(IRR)。

第 7 章
基于 Excel 的工程项目经济评价

借助 Excel 表格中的公式引用、自动填充功能及一系列等值计算函数，可以更加快速地计算上一章所学的一系列指标，更加高效地进行工程经济分析。此外，Excel 还提供了一系列函数可以直接帮助我们计算前述指标。

7.1 运用 Excel 计算投资回收期

7.1.1 一般性方法

1. 静态投资回收期

静态投资回收期是使得累计现金流为 0 的时间。因此我们需要计算各年的累计现金流。运用相对引用、自动填充功能可以快速进行计算。

在 Excel 中，可以将静态投资回收期的计算过程概括为以下几个步骤：

步骤 1，计算各年的累计现金流。

步骤 2，观察累计现金流首次出现正值的年份，并运用插值法计算投资回收期。

例 7-1 某项目现金流量如图 7.1 所示，基准投资回收期为 5 年，试用投资回收期法评价方案是否可行。

	A	B	C	D	E	F	G	H
1	年份	0	1	2	3	4	5	6
2	投资	1000						
3	现金流量		500	300	200	200	200	200
4	净现金流量	-1000	500	300	200	200	200	200
5								

图 7.1 现金流量表

解答 在计算累计现金流时，可以运用以下迭代公式计算累计现金流：

第 0 年的累计净现金流 = 第 0 年的净现金流

第 $n+1$ 年的累计净现金流 = 第 n 年的累计净现金流 + 第 $n+1$ 年的净现金流

在表单计算中可以运用上述公式。第 0 年的累计现金流即为第 0 年的净现金流，从第 1 年开始可以运用上述迭代公式计算累计净现金流(见图 7.2、图 7.3 中 C5 单元格的公式)，之后我们可以直接将 C5 单元格的公式拖至其他位置，随即实现了全部累计现金流的计算。

C4　fx =B5+C4

	A	B	C	D	E	F	G	H
1	年份	0	1	2	3	4	5	6
2	投资	1000						
3	现金流入		500	300	200	200	200	200
4	净现金流	-1000	500	300	200	200	200	200
5	累计净现金流	-1000	=B5+C4					
6								

图 7.2　投资回收期计算一

之后，根据累计净现金流，我们可以直接观察到投资回收期为 3 年。

C5　fx =B5+C4

	A	B	C	D	E	F	G	H
1	年份	0	1	2	3	4	5	6
2	投资	1000						
3	现金流入		500	300	200	200	200	200
4	净现金流	-1000	500	300	200	200	200	200
5	累计净现金流	-1000	-500	-200	0	200	400	600
6								
7								

图 7.3　投资回收期计算二

2. 动态投资回收期

动态投资回收期需要考虑资金的时间价值，即需要把各年的现金流折现值计算出来，这可以借助于我们之前谈到的 PV 函数。运用 Excel 表单求解，可以概括为以下几个步骤：

步骤 1，计算各年现金流的折现值。这一步可以使用 Excel 中的 PV 函数，并引用相应的年份数据和现金流数据，计算第一年的现金流折现值。后续折现值可以通过自动填充来自动进行计算。

步骤 2，计算各年现金流折现值的累计值。

步骤 3，观察折现值的累计值首次出现正值的年份，并运用插值公式计算动态投资回收期。

例 7-2　某项目现金流量如图 7.1 所示，基准动态投资回收期为 4 年，折现率为 10%，试用动态投资回收期法评价方案是否可行。

解答　根据前述算法步骤，可以建立如下 Excel 计算模型。其计算结果如图 7.4 所示。

年份	0	1	2	3	4	5	6
投资	1000						
现金流入		500	300	200	200	200	200
净现金流	-1000	500	300	200	200	200	200
折现值	-1000	454.55	247.93	150.26	136.60	124.18	112.89
折现值累计值	-1000	-545.45	-297.52	-147.26	-10.66	113.53	226.42
动态投资回收期					4.0858		

图 7.4　动态投资回收期计算

可见累计净现金流折现值首次出现正值的年份为第 5 年，第 4 年的累计净现金流折现

值为-10.66，第 5 年的净现金流折现值为 124.18。因此，该项目的动态投资回收期为

$$5 - 1 + \frac{|-10.66|}{124.18} = 4.09\text{年}$$

7.1.2 NPER 函数

NPER 函数可以计算基于固定利率及等额分期付款方式，返回某项投资的总期数。因此可以用于计算项目的动态投资回收期，但需要项目满足各期(第 $1 - n$ 期)现金流相等的条件。其语法为

$$= \text{NPER(rate, pmt, [pv], [fv], [type])}$$

其中：rate 为各期利率；pmt 为各期所应支付的金额，其数值在整个年金期间保持不变，通常，pmt 包括本金和利息，但不包括其他费用或税款；pv 为初始现金流，或项目的初始投资(需要设置为负值)；fv 为未来值，或在最后一次付款后希望得到的现金余额，如果省略 fv，则假设其值为零(例如，一笔贷款的未来值即为零)；type 取值为数字 0 或 1，用以指定各期的付款时间是在期初还是期末。

需要注意的是，经营期内净现金流不等时不可使用该函数计算投资回收期。

例 7-3 一项投资初始投资需要 1000 万元，之后每月可获得净现金流入 100 万元，在名义年利率为 12%的情况下，计算该投资项目的动态投资回收期。

解答 计算分析过程见图 7.5。

	INDEX	▼ × ✓ fx	=NPER(A3/12, A4, A5)		
	A		B	C	D
1	A		B		
2	数据		说明		
3	12%		年利率		
4	100		每月收入		
5	-1000		初始投资		
6	公式		说明（结果）		
7	=NPER(A3/12, A4, A5)		在上述条件下投资的回收期 (10.6)		
8	NPER(rate, **pmt**, pv, [fv], [type])				
9					
10					

图 7.5 利用 NPER 函数计算动态投资回收期

7.2 ▶▶▶ 运用 Excel 计算项目净现值、净年值、费用现值、费用年值

7.2.1 运用 PV 函数和 SUM 函数计算净现值 NPV

根据净现值指标的定义，我们需要计算项目整个寿命期的净现金流折现值的和。我们把项目各期现金流通过 PV 函数折现，并通过 SUM 函数相加即可。

例 7-4 某项目各年净现金流如表 7.1 所示，计算其项目 NPV(基准收益率为 10%)。

表 7.1 现金流量表

年 份	0	1	2	3	4	5	6
净现金流/万元	−1000	200	300	200	100	400	200

解答 首先运用 PV 函数计算第 0 期现金流折现值，输入图 7.6 所示公式。

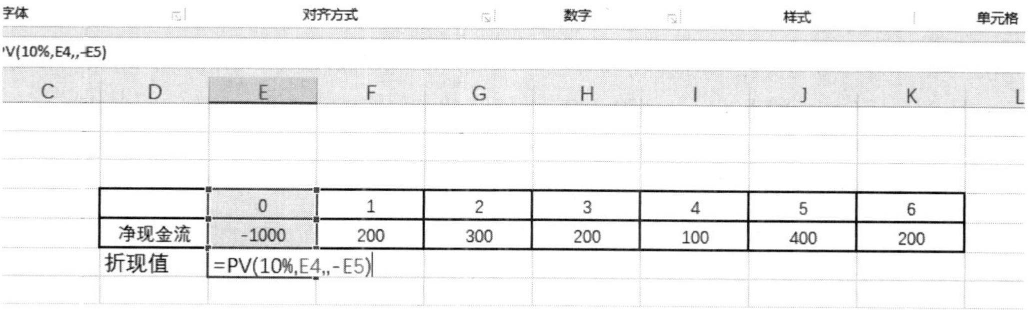

图 7.6 利用 PV 函数计算 NPV 一

之后，可以自动填充其他单元格，进而计算出各年现金流的折现值，如图 7.7 所示。

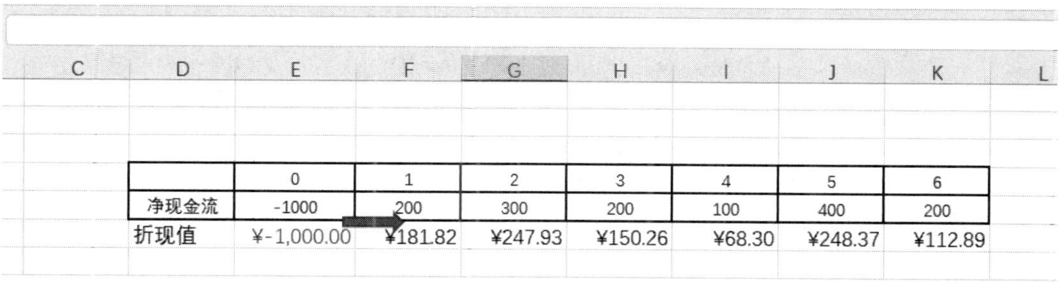

图 7.7 利用 PV 函数计算 NPV 二

最后运用求和函数 SUM()，计算各年现金流折现值之和，如图 7.8 所示。

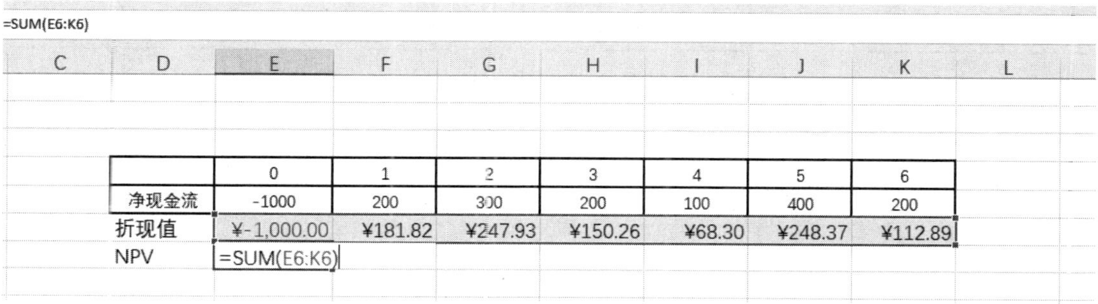

图 7.8 利用 PV 函数计算 NPV 三

7.2.2 直接利用 NPV 函数计算净现值 NPV

在 Excel 中，更为简单直接的复杂序列现值计算的函数是 NPV，其语法格式为

$$= \text{NPV(rate, value1, value2, } \cdots)$$

其中：rate 为某一期间的固定贴现率；value1，value2，…为第 1，2，…期末的现金流，代表支出或收入。

利用 NPV 函数可以计算未来投资或支出的总现值、未来收入的总现值以及净现金流量的总现值。需要注意的是，运用 Excel 中的 NPV 函数计算净现值，并不包含初始投资。我们在计算工程项目的净现值时，还需要加上期初的投资。因此，运用 NPV 函数计算某个项目净现值的公式应为

$$NPV = - CO_0 + NPV(rate, C_1, C_2, \cdots)$$

例 7-5(计算投资项目的净现值)　某项目初始投资为 206 000 元，第 1 年至第 6 年的每年年末现金流量分别为 50 000 元、50 000 元、50 000 元、50 000 元、48 000 元、106 000 元。如果贴现率是 12%，要求计算该项目投资净现值。

解答　在 Excel 工作表的单元格中录入下式：

$$= -206000 + NPV(12\%, 50000, 50000, 50000, 50000, 48000, 106000)$$

回车确认，结果自动显示为 26806.86 元。

对于现金流的输入，也可以直接引用表格中的单元格(按照时间顺序排列)，这样可以避免麻烦的手工输入。例如，例 7-5 我们也可以用图 7.9 中的方式计算其净现值。

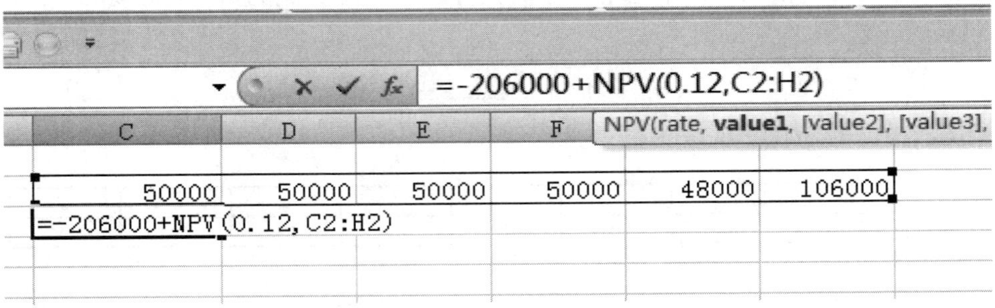

图 7.9　利用 NPV 函数计算项目净现值

例 7-6　某项目各年净现金流如表 7.2 所示，计算其项目 NPV(基准收益率为 10%)。

表 7.2　现金流量表

年　份	0	1	2	3	4	5	6
净现金流/万元	-1000	200	300	200	100	400	200

解答　直接利用 NPV 函数计算项目净现值，输入如图 7.10 所示公式。

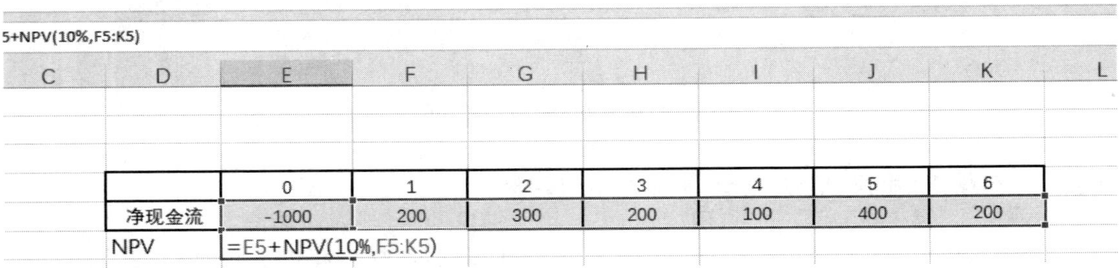

图 7.10　利用 NPV 函数计算项目净现值

7.2.3　运用 Excel 中的 NPV 函数绘制净现值函数曲线

例 7-7　某项目初始投资为 206 000 元，第 1 年至第 6 年的每年年末现金流量分别为 50 000 元、50 000 元、50 000 元、50 000 元、48 000 元、106 000 元。绘制项目净现值函数曲线。

解答　在 Excel 工作表的单元格中录入各年现金流(例如 A1:F1)。

① 根据有序数列生成方法，在单元格内生成间隔为 2% 的利率刻度(具体方式见 2.1.4 节中等差数列的生成方式)；

② 在与利率单元格平行的第一个单元格内输入公式 = -$A$1+NPV(A3, $B$1:$F$1)；

③ 将第一个单元格的公式通过拖拉的方式覆盖后面相应的单元格；

④ 选取利率及净现值所在的两行单元格，并选择"插入—图—散点图—线型散点图"即可绘制相应的净现值函数曲线，如图 7.11 所示。

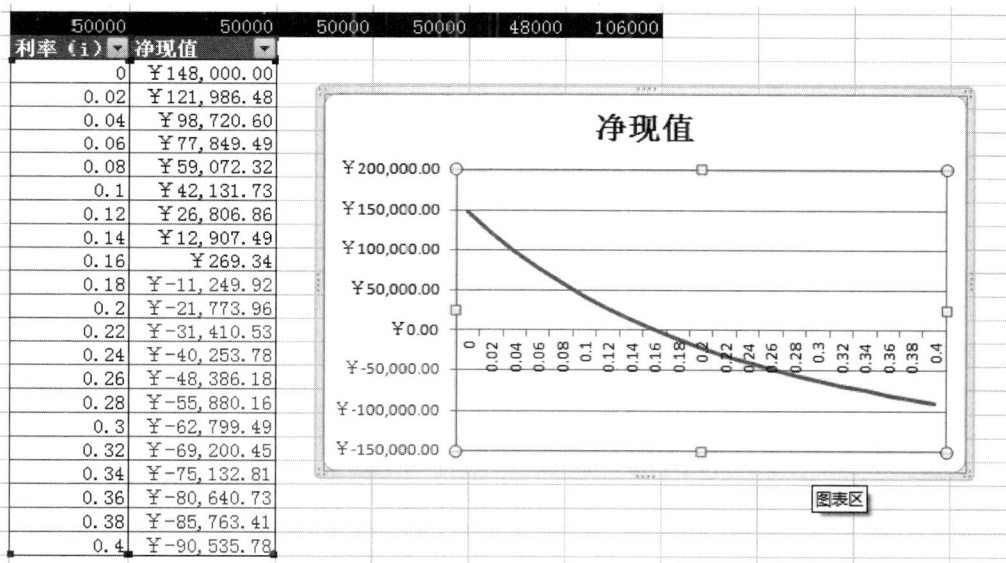

图 7.11　利用 NPV 函数绘制净现值函数曲线

例 7-8　某项目各年净现金流如表 7.2 所示，绘制该项目 NPV 函数曲线。

解答　首先创建利率序列 $i = 0\%, 1\%, \cdots, 20\%$，之后对不同利率分别计算其净现值。在计算第一个净现值的时候，注意对利率以及现金流的不同引用方式，如图 7.12 所示。

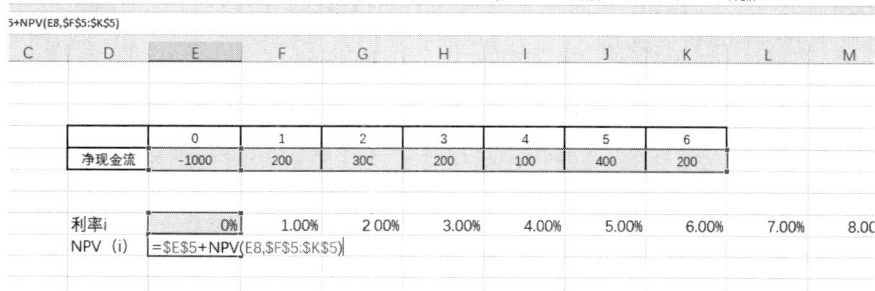

图 7.12　利用 NPV 函数绘制净现值函数曲线一

之后自动填充以计算其他利率对应的净现值，并在选择"利率 i"与"NPV(i)"两行数据后，插入散点图即可得到净现值函数曲线，如图 7.13 所示。

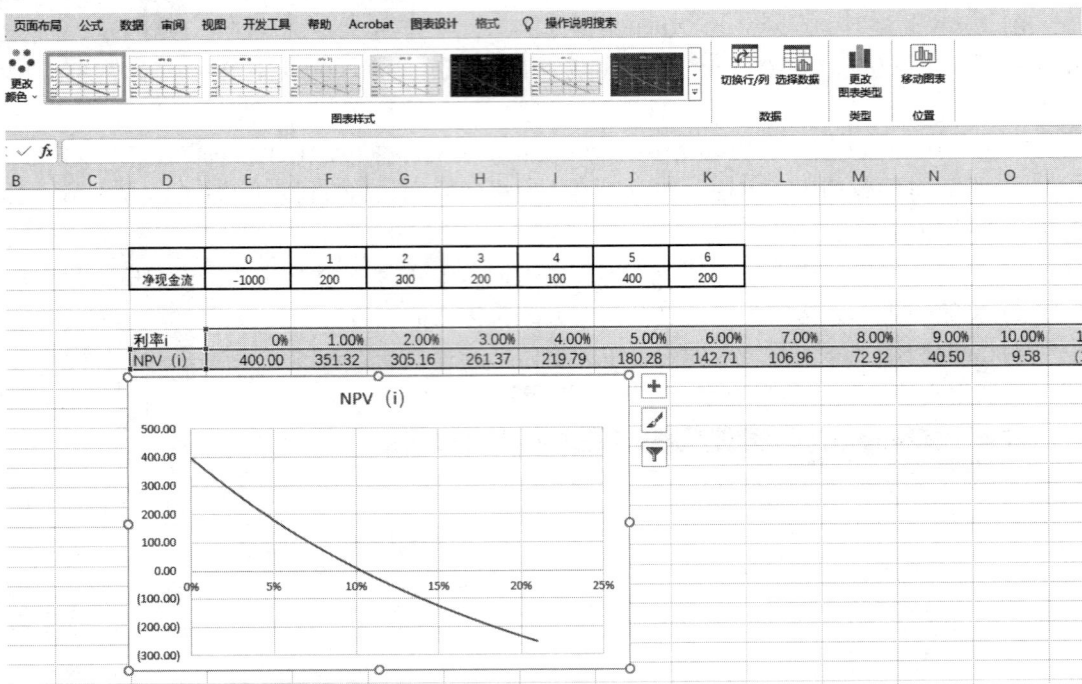

		0	1	2	3	4	5	6
	净现金流	-1000	200	300	200	100	400	200

利率i	0%	1.00%	2.00%	3.00%	4.00%	5.00%	6.00%	7.00%	8.00%	9.00%	10.00%
NPV (i)	400.00	351.32	305.16	261.37	219.79	180.28	142.71	106.96	72.92	40.50	9.58

图 7.13 利用 NPV 函数绘制净现值函数曲线二

7.2.4 净年值、费用现值、费用年值计算

1. 净年值 NAV

在计算出净现值之后，如果进一步求净年值(NAV)的话，可以调用现值转换为年值的函数 pmt：

$$= \text{pmt}(i, n, \text{NPV})$$

或者将 NPV 计算公式代入上述公式，可以一步求得一系列现金流的净年值：

$$= \text{pmt}(i, n, (- \text{CO}_0 + \text{NPV}(\text{rate}, C_1, C_2, \cdots)))$$

2. 费用现值、费用年值

费用现值、费用年值的计算类似于净现值、净年值的计算，仅仅需要把成本费用当作正值，把现金流入作为负值即可。

例 7-9 某市地铁项目中，有两个过江方案：

A 方案为江底隧道，初始投资 10 亿元，预计可用 50 年，年运营成本预计为 0.5 亿元；

B 方案为钢铁结构桥梁，初始投资 5 亿元，预计可以使用 30 年，年运营成本预计为 0.2 亿元。

设基准折现率为 10%，试运用净年值指标比较两个方案的优劣。

解答 在某个单元格(例如 A1)内输入"= 10 + PV(10%, 50, -0.5)"，即可计算 A 方案的费用现值；之后在另一个单元格输入"= PMT(10%, 50, -A1)"可计算出 A 方案的费用年值。

类似地，我们可以计算 B 方案的费用现值和费用年值。

7.3 运用 Excel 计算项目内部收益率

计算内部收益率需要求解一个高次方程，我们可以先在 Excel 中绘制净现值函数曲线，进而使用线性插值的方法估算内部收益率。另外一个方法是通过净现值为 0 的方程，运月单变量求解器求解使净现值为 0 的利率，即为内部收益率。

7.3.1　线性插值

首先运用 7.2.3 节介绍的方法绘制项目的净现值函数曲线，可以直接观察到利率由 i_1 变为 i_2 的情况下，净现值由正值变为负值。此时可以直接使用第 6 章介绍的内部收益率线性插值公式

$$\text{IRR}_{AP} = i_1 + (i_2 - i_1) \times \frac{\text{NPV}(i_1)}{\text{NPV}(i_1) + \left|\text{NPV}(i_2)\right|}$$

考虑下述投资案例。

例 7-10　投资建设某条收费高速公路，初始投资需要 2 亿元。经过调研可知：
① 每年运营成本为 500 万元，保持不变；
② 2018 年根据交通量估计可以收费 2500 万元，之后收费额每年增长 5%；
③ 从 2018 年开始运行收费，收费年限 10 年；
④ 基准收益率为 6%。
计算该项目的内部收益率。

解答　首先根据不同利率计算项目净现值，如图 7.14 所示。进一步观察到当利率由 4% 变为 5% 时，净现值由正变负。此时运用线性插值公式，取 $i_1 = 4\%$, $i_2 = 5\%$, $\text{NPV}(i_1) = 1050.26$, $\text{NPV}(i_2) = -51.34$。可以计算出内部收益率约为 4.96%。

Year	0	1	2	3	4	5	6	7	8	9	10
投资	20000										
运营成本		500	500	500	500	500	500	500	500	500	500
收费额		2500	2625	2756.25	2894.0625	3038.7656	3190.703906	3350.239102	3517.751057	3693.638609	3878.320054
NCF	-20000	2000	2125	2256.25	2394.0625	2538.7656	2690.703906	2850.239102	3017.751057	3193.638609	3378.320054
利率 (i)	0%	1%	2%	3%	4%	5%	6%	7%	8%	9%	10%
NPV(i)	6444.73	4927.91	3530.45	2241.22	1050.26	-51.34	-1071.61	-2017.72	-2896.16	-3712.75	-4472.75
IRR_AP	4 95339%										

图 7.14　利用线性插值法计算 IRR

7.3.2　单变量求解

借助于现代计算机，我们可以快速求出近似解。已知内部收益率是使得净现值函数值为 0 的利率，所以我们只需要求解下述方程即可：

$$NPV(IRR) = 0$$

借助 Excel 的单变量求解功能，我们可以快速求解方程。首先需要构建上述方程，即给定利率 IRR，计算净现值 NPV(IRR)。前面章节我们已经介绍了在 Excel 表中计算净现值的不同方法(见 6.2.1 节)。不同于净现值求解之处在于，之前利率是一个固定的数值，这里的利率 IRR 是来自某个单元格。在这里计算净现值的时候，需要注意引用利率 IRR 所在单元格时，要采用绝对引用。

具体步骤为：

① 首先选取一个单元格作为利率 IRR 的单元格(无须做任何计算，只需要用颜色标记某个单元格即可，本例中标记为橙色单元格)；

② 再根据该单元格的利率计算净现值(见 6.2.1 节，但记得绝对引用利率)，并标记出净现值单元格(绿色单元格)；

③ 调用单变量求解器，设置目标单元格为净现值所在单元格、目标值为 0、变动单元格为利率 IRR 所在单元格。

④ 点击求解即可。

应用单变量求解器求解前面例 7-10 的求解过程见图 7.15。

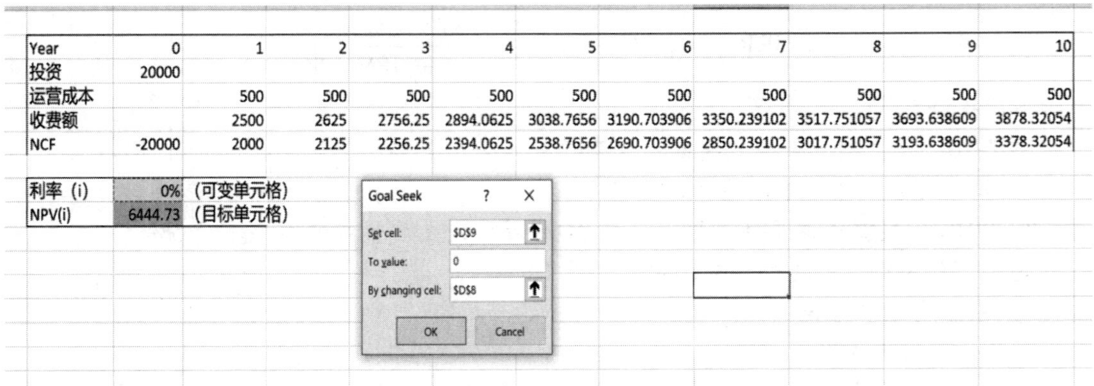

Year	0	1	2	3	4	5	6	7	8	9	10
投资	20000										
运营成本		500	500	500	500	500	500	500	500	500	500
收费额		2500	2625	2756.25	2894.0625	3038.7656	3190.703906	3350.239102	3517.751057	3693.638609	3878.32054
NCF	-20000	2000	2125	2256.25	2394.0625	2538.7656	2690.703906	2850.239102	3017.751057	3193.638609	3378.32054

利率 (i)	0%	(可变单元格)
NPV(i)	6444.73	(目标单元格)

Goal Seek ? ×
Set cell: $D$9
To value: 0
By changing cell: $D$8
OK　Cancel

图 7.15　利用单变量求解器计算 IRR

7.3.3　Excel 内置的 IRR 函数

上述的种种办法求解内部收益率还是过于麻烦，特别是我们要计算多个项目的内部收益率，甚至在进行敏感性分析的时候要计算不同参数下的内部收益率时，这些计算方法都显得非常不便捷。Excel 提供了一种更为便捷的方式计算内部收益率，即其内置的 IRR 函数。IRR 函数返回由数值表示的一组现金流的内部收益率。这些现金流不一定必须为均衡的，但作为年金，它们必须按固定的间隔发生，如按月或按年。内部收益率为投资的回收利率，其中包含定期支付(负值)和收入(正值)。语法形式为

$$= IRR(values, guess)$$

其中 values 为数组或单元格的引用，用来计算内部收益率。values 必须包含至少一个正值和一个负值，以计算内部收益率，函数 IRR 根据数值的顺序来解释现金流的顺序，故应确定按需要的顺序输入支付和收入的数值。

guess 为函数 IRR 计算结果的估计值。Excel 使用迭代法计算函数 IRR，从 guess 开始，函数 IRR 不断修正收益率，直至结果的精度达到 0.000 01%。如果函数 IRR 经过 20 次迭代，仍未找到结果，则返回错误值 "#NUM!"。在大多数情况下，并不需要为函数 IRR 的计算提供 guess 值，如果省略 guess，假设它为 0.1(10%)。如果函数 IRR 返回错误值 "#NUM!"，或结果没有靠近期望值，可以给 guess 换一个值再试一下。

需要注意的是，内部收益率的计算中，所引用的现金流为从第 0 期到项目寿命期结束的全部现金流。如果这些现金流全是正值或者全是负值的话，其内部收益率不存在。

例 7-11　某人要开办一家服装商店，预计投资为 110 000 元，预计今后五年的净收益为：15 000 元、21 000 元、28 000 元、36 000 元和 45 000 元。分别求出投资两年、四年以及五年后的内部收益率。

解答　直接在某个单元格内输入 "=IRR()"，括号内引用从第 0 期到第 2 期、第 4 期和第 5 期的现金流，即可返回相应的内部收益率。图 7.16 计算的是项目实施 4 年的内部收益率。

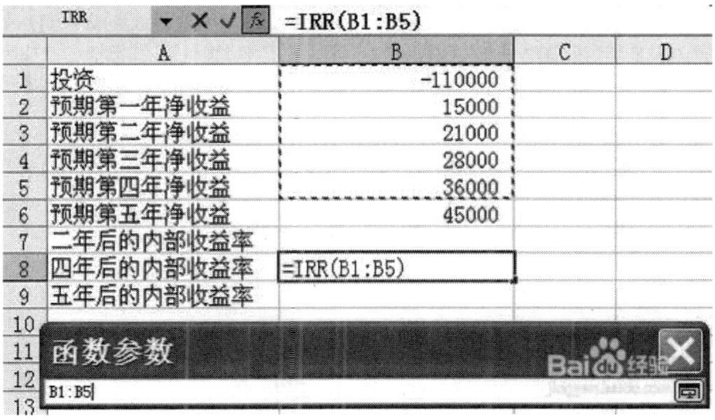

图 7.16　利用 IRR 函数计算 IRR

需要注意的是，内部收益率可能不存在，或者存在多个可能值。因此，使用 Excel 中的 IRR 函数计算内部收益率可能返回错误值。当 IRR 函数返回错误值时，我们可以尝试调整函数的最后一个输入 guess 值。在多次尝试都没有返回正确值时，需要检查是否存在 IRR 的实数值解。

7.4　基于 Excel 应用示例

我们运用本章所学的 Excel 函数，可以更快速地进行工程项目经济评价。

例 7-12　投资建设某条收费高速公路，初始投资需要 2 亿元。经过调研可知：
① 每年运营成本为 500 万元，保持不变；
② 2018 年根据交通量估计可以收费 2000 万元，之后收费额每年增长 5%；
③ 从 2018 年开始运行收费，收费年限 10 年；

④ 基准收益率为 6%。

试对这一工程项目进行工程经济分析。

解答　我们可以在 Excel 表中构建项目的现金流表，并分别计算项目的动态投资回收期、净现值、净年值、内部收益率(见图 7.17)。具体而言：

(1) 根据项目数据，生成如图 7.17 所示的投资、运营收入、运营成本表格；

(2) 计算项目的各年净现金流(NCF)；

(3) 运用 PV 函数计算各年现金流的折现值(DNCF)，并运用迭代公式计算各年的现金流折现值的累计值(ADNCF)，再根据投资回收期计算公式(插值公式)计算投资回收期；

(4) 直接运用 Excel 表中的 NPV 函数计算项目净现值，并基于净现值进一步运用 PMT 函数计算项目净年值；

(5) 运用 Excel 表中的 IRR 函数计算项目的内部收益率。

Year	0	1	2	3	4	5	6	7	8	9	10
投资	20000										
运营成本		500	500	500	500	500	500	500	500	500	500
收费额		2500	2625	2756.25	2894.0625	3038.7656	3190.703906	3350.239102	3517.751057	3693.638609	3878.32054
NCF	-20000	2000	2125	2256.25	2394.0625	2538.7656	2690.703906	2850.239102	3017.751057	3193.638609	3378.32054
DNCF	¥-20,000.00	¥1,886.79	¥1,891.24	¥1,894.39	¥1,896.32	¥1,897.11	¥1,896.84	¥1,895.57	¥1,893.37	¥1,890.31	¥1,886.44
ADNCF	¥-20,000.00	¥-18,113.21	¥-16,221.97	¥-14,327.57	¥-12,431.25	¥-10,534.14	¥-8,637.30	¥-6,741.73	¥-4,848.35	¥-2,958.04	¥-1,071.61
投资回收期	大于10年										
NPV	-1071.61										
NAV	¥-145.60										
IRR	4.952%										

图 7.17　利用 NPV、PMT、IRR 函数计算项目净现值、净年值以及内部收益率

习　题

1. 某投资机构以 15 000 元/平方米的价格购买了一栋商业大厦 48 年的经营权用于出租，建筑面积 27 000 平方米。该机构在购买该商业大厦的过程中先后支付了购买价格 4% 的契税，0.5%的手续费和 0.5%的律师费及 0.3%的其他费用。全部使用自有资金支付。

预计该商业大厦的经营期内，月租金水平始终维持在 160 元/平方米，前 3 年的出租率分别为 70%、75%及 85%，从第四年开始到经营期结束出租率将保持在 95%的水平。如果经营期间每年的运营成本为毛租金收入的 30%，购买大厦的经营权发生在第一年的年初，此后每年的净经营收入均发生在年末。

在折现率为 10%和 14%的情况下：

(1) 制表分析各年的净现金流；

(2) 试分析该项目的投资回收期、净现值；

(3) 绘制净现值曲线。

2. 某项目初始投资 1000 万元；经营期间，初始年份净现金流入为 100 万元；此后每年增长 10%；基准收益率为 8%。项目寿命期为 10 年。运用 Excel 中的 NPV、PMT、IRR 函数，计算该项目的净现值、净年值以及内部收益率。

3. 某收费高速公路项目，初始投资为 20 亿元；预计初始年份收费额可产生净现金 8000 万元；预计该高速公路以后交通量将持续上升，假设净现金年增长率为 r；投资方要求的基准收益率为 8%，项目寿命期为 20 年。

请问：年增长率 r 至少为何值，该项目才能达到投资方的要求？

(提示：① 用净现值或者内部收益率指标判断；② 使用单变量求解器。)

第8章
多方案经济评价——互斥型方案

当存在多个可行方案，方案之间可能不能同时选取，投资者又有投资预算时，如何在多个方案中选择合适的方案是我们这一章要研究的问题。我们需要用到上一章所学的各种指标的计算方法，但是仅仅算出这些指标然后简单排序并不能解决多方案决策的问题，我们会在后面看到很多这样的例子。

下面通过一个简单的例子，来说明多方案评价问题的复杂性。

例 8-1 A、B 是两个互斥方案，寿命期相同，基准折现率为 10%，两方案各年的净现金流如表 8.1 所示。试评价两方案。

表 8.1 现金流量表

年 份	0	1~10
A 的净现金流量/万元	−500	100
B 的净现金流量/万元	−100	25

解答 通过计算我们可以发现，A 方案的净现值 NPV=114.46，B 方案的净现值 NPV=53.61。若根据净现值来判断哪个方案更优的话，可以看到 A 方案的净现值要更高。另外，我们还可以计算 A 方案内部收益率 IRR=15.1%，而 B 方案的内部收益率 IRR=21.14%。若按照内部收益率选取方案的话，可以看到应当选取 B 方案。

综上可以观察到：针对多个方案，采用不同的工程经济评价指标可能导致互相矛盾的评价结论。多方案的经济评价问题与单一方案的经济评价问题是不同的，多方案的经济评价问题需要慎重选取经济评价指标。针对不同类型的多方案评价问题，可以采用的经济评价指标是不同的。甚至，针对一些复杂的多方案评价问题，还需要系统地构建模型并进行分析，以指导我们对方案进行选取。

8.1 >>> 多方案评价问题的分类

根据方案之间的相互关系，多方案评价问题可以分为互斥型、独立型和混合型三类问题。

1. 互斥型

互斥方案是指被比较的方案之间互不相容、互相排斥，只能选择其一，其余方案必须放弃。互斥型方案的评价，不仅要考察各方案本身的经济性并进行筛选，而且要对通过筛选的方案按特定指标进行排序，从而优胜劣汰、选取最优方案。必须注意的是，互斥型方案的比较必须具备如下可比条件：

(1) 对于被比较方案，比较指标的计算方法一致；

(2) 各方案在时间上可比；

(3) 各方案的现金流量具有相同的时间特征。

互斥型方案通常采用的评价指标有净现值、净年值、费用现值、费用年值、差额内部收益率、差额净现值、差额投资回收期等。

当互斥方案的寿命期不同时，需要考虑方案之间的时间可比性。因此互斥型多方案评价问题根据方案之间的寿命期，可以进一步分为以下几种情况：

(1) 寿命期相等：不同方案的寿命期相等。

(2) 寿命期不等：不同方案的寿命期不等。

(3) 寿命期无限：存在某些方案寿命期为无限。

2. 独立型

独立型方案是指被比较的方案之间相互独立，互相之间并不排斥，在无资金预算的情况下，多个方案可以任选。在多个方案相互独立的情况下，多方案选择问题可以进一步分为两种：

(1) 无资源限制(如投资预算)的情况：当可用资源没有限制的时候，无须对方案进行优劣比较或分析，只需要备选方案可行即可。

(2) 有资源限制的情况：在有资源限制的情况下，需要对方案进行优劣比较分析，甚至需要建立复杂的数学模型进行优化求解。

3. 混合型

当一个企业的投资方案不止一个时，不同的投资方向之间的业务是相互独立的，而对每个投资方向而言，却可能有不止一个可供选择的方案，即方案组合中既有独立方案，又有互斥方案时，就构成了混合型方案。与独立型方案一样，混合型方案也可分为无资源限制和有资源限制两种情况。对于混合型的多方案选择问题，无论是否存在资金预算约束，问题的求解复杂度均比较高。一般情况下需要采用启发式方法，或者建立复杂数学模型进行求解。

8.2　互斥型方案——寿命期相等

前述分析可以看到，对于多方案的选择，选取不同的指标，其评价结果不一致。那么我们的问题是：哪个指标才能作为寿命期相等的互斥方案的选取依据？事实上，寿命期相等的互斥型方案可以采用净现值作为必选指标。为了说明这一点，我们先介绍分析这类问题的一种方法——差额分析法。

8.2.1　差额分析法

如果存在两个寿命期相等的互斥方案，一个方案投资多，收益也多，另一个方案投资相对较少，但是收益也较少。差额分析法的思路是解决这样一个问题：多增加的投资带来的增量收益在经济上是否可以接受？

1. 差额净现值法

对于寿命期相同的多方案选择问题，我们可以运用差额净现值法。其基本原理是：若两个方案均可行，则比较两个方案现金流的差值(用初始投资大的方案的各年净现金流减去初始投资小的方案的各年净现金流)，然后将差值现金流看作一个独立的方案，判断这个独立的方案是否可行。可以理解为：相比于投资小的方案，多增加的投资是否有利可图。如果差额现金流代表的独立方案是可行的，则表明多增加的投资是有利的，因此应当选择初始投资大的方案；反之，则表明多增加的投资是不可取的，应选取初始投资小的方案。

下面借助例 8-1 说明该方法的使用步骤。通过之前的分析我们已经知道，在例 8-1 中，若运用净现值指标及内部收益率指标来对两个方案进行评价，会得出不同的评价结果。但是对于单一方案是否可行的判断，这两个指标结论一致。因此我们只需要看差额方案是否可行即可：

① 首先，通过净现值的计算，确定 A、B 方案均为可行方案。

② 之后，看到 A 方案的初始投资要高于 B 方案，用 A 方案各年的净现金流减去 B 方案各年的净现金流，将此差值当作独立方案(命名为 C 方案)看待。

③ 最后，对 C 方案进行评价(可以计算净现值或者内部收益率)。如果 C 方案可行，则说明 A 相比于 B 多出来的投资是有利的，则选择 A 方案；如果 C 方案不可行，则说明 A 相比于 B 多出来的投资是不可取的，则选择 B 方案。

解答　方法 1：基于复利系数表的分析计算。

对于差额项目，我们注意到从第 1 至 10 年各年现金流相等，因此可以采用下述公式计算项目的净现值：

$$\text{NPV}_C = -400 + 75(P/A, 10\%, 10) = 60.84(万元)$$

由于 $\text{NPV}_C > 0$，所以差额投资是有利的，因此应该选择 A 方案。

方法 2：Excel 表单分析。

在 Excel 表单中对这个问题进行建模分析，具体的计算结果如图 8.1 所示。

	A	B	C	D	E	F	G	H	I	J	K	L	M
1	年份	0	1	2	3	4	5	6	7	8	9	10	
2	A的净现金流量	-500	100	100	100	100	100	100	100	100	100	100	
3	B的净现金流量	-100	25	25	25	25	25	25	25	25	25	25	
4	C=A-B	-400	75	75	75	75	75	75	75	75	75	75	
5													
6													
7	NPV_A	$114.46											
8	NPV_B	$53.61											
9	NPV_C	$60.84											
10													
11	IRR_A	15.10%											
12	IRR_B	21.41%											
13	IRR_C	13.43%											
14													

图 8.1　在 Excel 中进行差额净现值法分析

可以看到：若把 A 相比于 B 多出来的投资看作另一个独立方案的话，该方案的净现值为 60.84＞0。因此可以判断多出来的投资是有利的，应该选择 A 方案。

需要强调的是，差额投资分析法仅仅适用于寿命期相等的互斥方案比选。

2. 差额内部收益率法

我们也可以对差额构成的独立项目计算其内部收益率，称之为差额内部收益率。进而通过将差额内部收益率与基准收益率进行比较，判断差额投资是否有利。上一个例子中，我们可以根据差额净现金流计算出差额内部收益率为 13.43%＞10%。因此我们同样可以判断多出来的投资是有利的，故应该选择 A 方案。

8.2.2　差额分析法与净现值比较方法的联系

(1) 差额净现值事实上是在某一给定基准折现率下两个方案的净现值之差。我们可以通过下述分析证明这一点。

假设 A、B 方案的各年净现金流为 $(CI_A - CO_A)_t$ 和 $(CI_B - CO_B)_t$，可知差额方案 C 的各年净现金流应为 $(CI_A - CO_A)_t - (CI_B - CO_B)_t$，那么差额方案 C 的净现值 NPV_C 应为

$$NPV_C = \sum_{t=0}^{n}[(CI_A - CO_A)_t(CI_B - CO_B)_t](P/F, i, t)$$

$$= \sum_{t=0}^{n}[(CI_A - CO_A)_t(P/F, i, t)] - \sum_{t=0}^{n}[(CI_B - CO_B)_t(P/F, i, t)]$$

$$= NPV_A - NPV_B$$

这意味着：差额净现值等于净现值之差。

根据上述分析我们可以看到，只要 $NPV_A \geq NPV_B$，那么 $NPV_C \geq 0$。这说明如果挑选净现值大的方案，得出的结论应该与用差额分析法得出的结论一致。这解释了为何在比较寿命期相等的方案时，可以用净现值作为选取方案的指标。

(2) 差额内部收益率是使得两个方案的净现值相等时的折现率。

假设 A、B 方案的各年净现金流为 $(CI_A - CO_A)_t$ 和 $(CI_B - CO_B)_t$，可知差额方案 C 的各年净现金流应为：$(CI_A - CO_A)_t - (CI_B - CO_B)_t$，那么差额方案 C 的内部收益率 IRR_C 应该满足下述方程：

$$NPV_C(IRR_C) = \sum_{t=0}^{n}[(CI_A - CO_A)_t(CI_B - CO_B)_t](P/F, IRR_C, t) = 0$$

$$\sum_{t=0}^{n}[(CI_A - CO_A)_t(P/F, IRR_C, t)] = \sum_{t=0}^{n}[(CI_B - CO_B)_t(P/F, IRR_C, t)]$$

$$NPV_A(IRR_C) = NPV_B(IRR_C)$$

可以看到，差额内部收益率 IRR_C 是使得两个方案的净现值相等时的折现率。这两个指标的数学含义可以在图 8.2 中看到。

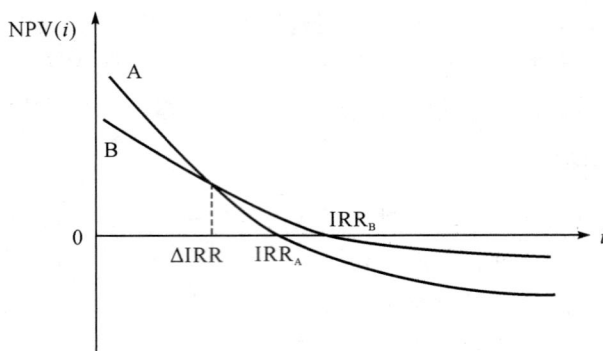

图 8.2　差额内部收益率为两个方案的净现值相等时的折现率

8.3 ⟫⟫⟫ 互斥型方案——寿命期不等

当多个被比较方案的寿命期不等时，差额分析法、净现值比较法都不能客观评价方案的优劣。下述例子可以说明这个问题。

例 8-2　A 方案的初始投资为 500 万元，项目寿命期为 10 年，各年净现金流均为 100 万元；B 方案的初始投资为 100 万元，项目寿命期为 2 年，各年净现金流均为 100 万元。基准收益率为 10%。

解答　可以计算出，A 方案的净现值为 114.46 万元，而 B 方案的净现值为 73.55 万元。若仅用净现值指标进行评价，则 A 方案优于 B 方案。如果我们计算两个方案的动态投资回收期，却可以发现：A 方案的动态投资回收期为 7.27 年，B 方案的动态投资回收期为 1.1 年。因此，若运用动态投资回收期作为评价指标，我们会发现 B 方案优于 A 方案。可以看到，我们又得到了两个互相矛盾的结论。如果我们直观地看这两个项目，应该会发现 B 项目只需要很短的时间就能取得很大的回报，而 A 项目尽管也可以得到不错的回报，但是投资大而且耗时长。事实上，这种直觉虽然看上去是对的，但工程经济分析不能依赖于直觉，需要依据严谨而又科学的方法。为了科学地比较多个寿命期不相等的方案，我们需要解决时间可比性问题。

8.3.1 最小公倍数法

为了科学地比较两个寿命期不相等的方案，需要解决时间的可比性问题，即在一个统一的时间长度里比较两个方案。

有一个思路是：假设两个项目在结束的时候，都可以按照相同的条件，重复进行投资，那么如果在足够的时长内来看这两个项目的话，存在一个时间点，两个项目恰好都刚好到达寿命期。这个时间点显然是这两个项目寿命期的公倍数。通过比较两个不断重复的项目，比较的时间长度为从期初开始到两个项目寿命期的最小公倍数的时间点，可以解决时间的可比性问题。这一方法被称为最小公倍数法。

例 8-3　A 方案的初始投资为 500 万元，项目寿命期为 10 年，各年净现金流均为 100 万元；B 方案的初始投资为 100 万元，项目寿命期为 2 年，各年净现金流均为 100 万元。基准收益率为 10%。

解答　此题可以采用两种解法。

方法 1：注意到 A、B 两个项目的最小公倍数为 10 年，恰好是 A 方案的寿命期。因此我们假设 B 项目可以不断重复，可以发现当 B 项目重复 5 次之后，刚好到达第 10 年年末。

$$\text{NPV}_B = -100 + (-100)(P/F, 10\%, 2) + (-100)(P/F, 10\%, 4) + (-100)(P/F, 10\%, 6) +$$
$$(-100)(P/F, 10\%, 8) + 100(P/A, 10\%, 10)$$
$$= 260.41(万元)$$
$$\text{NPV}_A = -500 + 100(P/A, 10\%, 10) = 114.46(万元)$$

由于 $\text{NPV}_A < \text{NPV}_B$，所以 B 方案为最优方案。

方法 2：Excel 表单分析。

针对重复的 B 项目，我们汇总其净现金流，并计算相应的净现值，如图 8.3 所示。可以发现 B 项目 10 年净现值为 260.41 万元，而 A 项目的 10 年净现值为 114.46 万元，因此我们判断 B 项目为更优的项目。

	A	B	C	D	E	F	G	H	I	J	K	L	M
1	年 份	0	1	2	3	4	5	6	7	8	9	10	
2	A的净现金流量	-500	100	100	100	100	100	100	100	100	100	100	
3		-100	100	100									
4	重复投资B方案各年现金流量			-100	100	100							
5						-100	100	100					
6								-100	100	100			
7										-100	100	100	
8	净现金流	-100	100	0	100	0	100	0	100	0	100	100	
10	NPV_5B	$260.41											

图 8.3　Excel 表单分析

8.3.2　净年值法

针对寿命期不等的互斥型方案，净年值是一个合理而且又易计算的评价指标。由于净年值指标体现的是项目各年的平均超额收益，净年值指标所对应的时间都是 1 年。因此即便是寿命期不等的项目，比较净年值指标也是可以保证时间可比原则的。

同样针对上例，我们只需要计算两个方案的净年值即可

(1) 复利系数表分析。根据时间等值计算原理，有

$$\text{NPV}_A = -500 + 100(P/A, 10\%, 10) = 114.46(万元)$$
$$\text{NAV}_A = 114.46(A/P, 10\%, 10) = 18.63(万元)$$
$$\text{NPV}_B = -100 + 100(P/A, 10\%, 2) = 73.55(万元)$$
$$\text{NAV}_B = 73.55(A/P, 10\%, 2) = 42.38(万元)$$

可以看到，$\text{NAV}_A < \text{NAV}_B$，因此 B 方案为最优方案。

(2) Excel 表单分析。首先运用 Excel 中的 NPV 函数计算两个方案的净现值，之后再用 PMT 函数将净现值转换为年值。具体操作见图 8.4。

年份	0		1	2	3		4	5	6	7	8	9	10		M
A的净现金流量	−500		100	100	100		100	100	100	100	100	100	100		
B的净现金流量	−100		100	100											
NPV_A	=NPV(0.1,C2:L2)+B2			NAV_A	=PMT(0.1,10,−B7)										
NPV_B	=NPV(0.1,C3:L3)+B3			NAV_B	=PMT(0.1,2,−B8)										

图 8.4 净年值比较法

8.3.3 费用年值

对于寿命期不等的成本比选方案，我们比选方案的指标应该是费用年值，而选取的标准是费用年值小的方案。

8.4 ▶▶▶ 互斥型方案——寿命期无限

通常情况下，项目各备选方案的计算期都是有限的。但是有些项目建成后只要给予适当的维修保养，项目就可以无限期运行。为了计算方便，我们认为这样的项目的寿命期是无限的。对于寿命期无限的项目进行工程经济分析，核心的思路就是将无限寿命期内的现金流，通过时间等值计算，转换为有限期内的现金流，进而计算相应的评价指标。具体而言，将一定时间之后的项目现金流通过时间等值计算，折现至这段时间的期初。

针对某个寿命期为无限期的项目，具体的工程经济分析步骤如下：

① 首先选取一个研究期(取决于具体情况，例如 10 年)；

② 将研究期以后全部的现金流折现至研究期期末(例如，第 11 年以后全部的现金流折现至第 10 年)；

③ 把折现后的现金流加至研究期最后一期，并将之后的时间截断(例如，上述折现值加入第 10 年的现金流中，并将 11 年之后的时间截断)；

④ 根据截断后的净现金流情况计算项目净现值，进而计算项目其他经济评价指标；

⑤ 如果要计算项目的净年值，需要将现值转换为永久年金(见 4.5.1 节)。

需要注意的是，对于无限寿命期的工程方案，未来现金流的预测值一般是有序序列，例如等额值或者是等比序列(即具有稳定的增长率)。因此上面的步骤②我们可以运用到之前所学的无限期现金流的多次收付等值计算(见 4.5 节)。

例 8-4 某公司在北美投资修建收费高速公路，有两个可选方案：

方案 1(永续收费项目)：投资 30 亿元，预计前 10 年每年现金流流入为 2.5 亿元，第 11 年之后每年现金流入为 4 亿元(永续)。

方案 2(20 年收费项目)：投资 20 亿元，预计前 10 年每年现金流流入为 2.5 亿元，后

10 年每年现金流入为 4 亿元。

基准收益率为 10%。试分析应选哪一个方案。

解答 这一问题中两个方案的寿命期不同，且方案 1 为寿命期无限的项目，可以考虑计算比较两个项目的净年值(NAV)。根据前述方法，可知对于方案 1：

$$\text{NPV}_1 = -30 + 2.5(P/A, 10\%, 10) + \left(\frac{4}{10\%}\right)(P/F, 10\%, 10) = 0.78 \text{ 亿元}$$

$$\text{NAV}_1 = \text{NPV}_1 \times 10\% = 0.078 \text{ 亿元}$$

对于方案 2：

$$\text{NPV}_2 = -20 + 2.5(P/A, 10\%, 10) + 4(P/A, 10\%, 10)(P/F, 10\%, 10) = 4.84 \text{ 亿元}$$

$$\text{NAV}_2 = \text{NPV}_2 \times (A/P, 10\%, 20) = 0.57 \text{ 亿元}$$

可见，方案 2 的净年值更高，所以应该选择方案 2 的投资方式。

习 题

1. 现有两个互斥的投资方案可供企业投资，两个方案的现金流预测如表 8.2 所示。

表 8.2 净 现 金 流

年 份	0	1～10	10(残值)
A 的净现金流量/万元	-500	120	20
B 的净现金流量/万元	-600	140	0

请运用差额分析法分析企业应该考虑投资哪个方案。

2. 某企业生产线上现有一设备已经陈旧，故障时有发生，影响了正常生产作业活动。企业领导拟维修或更换现有设备，经技术部门测算，有以下几种方案可行。

方案 1：修理现有设备。由于设备陈旧，需修理费 700 万元，经修理后预计可继续使用 3 年，每年的经营成本为 450 万元。

方案 2：购买国外一台二手设备。设备需初始投资 2500 万元，年经营成本 820 万元，设备预计可使用 10 年。

方案 3：购买一台先进新设备。设备需初始投资 3200 万元，年经营成本为 560 万元，设备使用寿命为 15 年。

如果该企业目前采用方案 1，几年后也需再考虑方案 2 或方案 3。同时，如果现在决定购买国外二手设备或新设备，该企业现有的旧设备处理价为 600 万元，如果使用 3 年后处理，该设备报废，则处理残值收入为 0。此外，方案 2 和方案 3 的两种设备在寿命期后残值都为 0。

折现率为 $i = 10\%$，企业应该采用何种方案？

3. 某公司在北美投资修建收费高速公路，有以下两个方案：

方案 1：修建双向 6 车道高速公路，建设成本 40 亿元，交通量饱和时日均通车 6 万辆，经营期无限。

方案 2：修建双向 4 车道高速公路，建设成本 30 亿元，交通量饱和时日均通车 4 万辆，经营期 50 年。

其他数据：初始交通量日均通车饱和，每车平均收费 50 元。此后，每年交通量保持不变。折现率为 10%。

问题：公司应该选哪一个方案？

4. 某项目成本现有两个方案，均可以达到使用目的，但是建设成本与经营成本不同。表 8.3 为两个方案的建设成本，以及各年的经营成本估算。基准折现率为 10%。试比较两个方案。(注：infty 表示可永续使用；成本选择时应该比较费用年值或费用现值。)

表 8.3　两个方案的生命期成本费用

方　案	建设成本	经营成本	
A 方案	建设成本(第 0 期)	1~10 年	11 年~infty
	1000	100	150
B 方案	建设成本(第 0 期)	1~5 年	6 年~infty
	1500	200	50

第9章
多方案经济评价方法——独立型方案、混合型方案

9.1 ▶▶▶ 独立型方案

独立型方案是指被比较的方案之间相互独立，互相之间并不排斥。在多个方案相互独立的情况下，多方案选择问题可以进一步分为以下两种情况。

1. 无资源限制的情况

当可用资源没有限制的时候，无须对方案进行优劣比较或分析，只需要备选方案可行即可。

2. 有资源限制的情况

在有资源限制的情况下，需要对方案进行优劣比较分析，甚至需要建立复杂的数学模型进行优化求解。一般来说，有资源限制的多个独立方案的选择需要用到的参数如下：N 个项目可以投资，各个项目的投资额为 y_i，带来净现值 NPV_i。此外，投资者有一个投资预算限制 Y，目的是使得总的净现值最大。

例 9-1 某公司有一组投资项目，受资金总额的限制，只能选择其中部分方案。设资金总额为 $Y = 400$ 万元，各个项目的投资要求及可取得的净现值如表 9.1 所示。求最优的投资组合。(方案数 $m = 3$)

表 9.1 各方案的投资额以及净现值

项　目	投资 y_i/万元	净现值 NPV_i/万元
A	100	54.33
B	300	89.18
C	250	78.79

事实上，上述问题等价于一个经典的数学问题——背包问题。

例 9-2 某冒险者进入一个藏有 3 个宝藏的地洞，但是冒险者可以带走的宝藏受到自己运输工具载重限制。冒险者的运输工具对于宝藏的最大载重为 400 千克。三个宝藏的重量及价值见表 9.2，冒险者考虑到载重限制，只能选择其中部分宝藏，问如何选择可以带走最大价值的宝藏？

表 9.2　各宝藏的重量及价值

宝　藏	重量 y_i/千克	价值 V_i/万元
A	100	54.33
B	300	89.18
C	250	78.79

背包问题是一个复杂的问题，目前没有快速有效的最优化算法。针对上述问题，本书将介绍以下方法：

(1) 互斥组合化法(枚举法)；

(2) 净现值排序法和净现值率排序法；

(3) 数学建模求解(Excel 规划求解器)。

9.1.1　互斥组合化法

互斥组合化法的思路是将所有的可选择方案列出来，首先剔除掉不可行的方案，之后在所有可行的方案中选取价值之和最大的方案。这一方法底层的思路就是枚举法，下面利用互斥组合化法解答例 9-1。

解答　根据枚举法思路，我们把全部可能的方案组合罗列出来，如表 9.3 所示。

表 9.3　互斥组合化法(枚举法)

项目组合	选取与否(1 表示选取，0 表示不选)			需要投资	净现值之和
	A	B	C		
	100	300	250		
	54.33	89.18	78.79		
A	1	0	0	100	54.33
B	0	1	0	300	89.18
C	0	0	1	250	78.79
A + B	1	1	0	400	143.51
A + C	1	0	1	350	133.12
B + C	0	1	1	550	167.97
A + B + C	1	1	1	650	222.3

由于互斥组合化法需要将所有的方案都列出来并进行比较，所以这其实是一种枚举的思路。当可选取方案的数量较小时，这种方法直接而且实用。但是当可选取方案的数量较大时，枚举法所需要的计算时间将会无法让人接受。枚举法的一个优点是可以保证决策的最优性。

例 9-3　上述问题中，可选取的方案为 10 个时，总共有多少种互斥组合？

解答　对于任意的方案，我们都有选取或者不选取两种选择，而总共有 10 个方案，所以，我们总共有 $2^{10} = 1024$ 种选择。可以看到，对于枚举法来说这是一个极大的数字，因此在项目数量较大时，要慎选此办法。

9.1.2　净现值排序法和净现值率排序法

1. 净现值排序法

对于经典的背包问题，一个常用的解决方法是：对所有的可选宝藏，从最有价值的开始选，然后每次选剩下宝藏中最有价值的，直到自己的运输工具载不下为止。这种方法叫作贪婪算法。将这个思路运用到工程方案的选择问题中，就是按照净现值大小将各个方案排序，然后选取净现值大的方案直到刚好没有超过投资预算。这就是净现值排序法，步骤如下：

① 按照 NPV 从大到小进行排序；
② 从最大的 NPV 开始选取方案，并计算累计投资；
③ 当累计投资超过投资预算时，停止选择。

例 9-4　某投资公司有初始投资预算 400 万元。现有 10 个备选的独立型方案，各个方案所需的初始投资和相应的净现值如表 9.4 所示，综合比较各方案并进行选择。

表 9.4　各个方案所需的初始投资和相应的净现值

方　案	投资/万元	NPV/万元
A	199	71
B	145	72
C	71	−7
D	139	78
E	184	7
F	194	24
G	111	61
H	170	−7
I	171	17
J	166	75

解答　根据净现值对方案进行排序(见图 9.1)。可以看到，按照净现值排序法，最后选取 D、J 方案，所需投资额为 305 万元，可获得净现值 75 + 78 = 153 万元。

方案	投资/万元	NPV/万元	累计投资
D	139	78	139
J	166	75	305
B	145	72	450
A	199	71	649
G	111	61	760
F	194	24	954
I	171	17	1125
E	184	7	1309
C	71	−7	1380
H	170	−7	1550

图 9.1　净现值排序法

2. 净现值率排序法

显然，净现值排序法只看方案价值，无视方案所需的投资，往往得到的结果并不如意。一种改进的思路是：对所有的可选方案，计算其单位投资的价值，然后根据单位投资的价值进行优先排序并选择，直到达到投资限制为止。这一改进方法运用在工程方案的选择问题中，就是计算各个方案的净现值率，然后根据净现值率排序并选取方案，直到超过投资预算。这一方法在工程经济学中称为净现值率排序法，具体步骤如下：

① 按照 NPVR 从大到小进行排序；

② 从最大的 NPVR 开始选取方案，并计算累计投资；

③ 当累计投资超过投资预算时，停止选择。

运用净现值率排序法解答例 9-4 的过程如下。

解答　根据净现值率对方案进行排序(见图 9.2)。可以看到，按照净现值率排序法，最后选取 D、G、B 方案，所需投资额为 395 万元，可获得净现值 78 + 61 + 72 = 211 万元。

方案	投资/万元	NPV/万元	累计投资	NPVR
D	139	78	139	0.561
G	111	61	250	0.550
B	145	72	395	0.497
J	166	75	561	0.452
A	199	71	760	0.357
F	194	24	954	0.124
I	171	17	1125	0.099
E	184	7	1309	0.038
H	170	−7	1479	-0.041
C	71	−7	1550	-0.099

图 9.2　净现值率排序法

比较净现值排序法，可以看到净现值率排序法所选取的方案组合能够取得更大的净现值之和。一般来说，净现值率体现了单位投资所取得的净现值，可以体现项目使用资金的效率。而净现值率排序法就是优先选取资金使用效率高的项目。

另外，对于有 10 个备选项目的问题，我们只需要计算 10 个项目的净现值或者净现值率即可。而上一节我们已经看到，对于 10 个备选项目的问题，互斥组合法需要对 1024 种组合进行比较。可以看到，净现值排序法和净现值率排序法可以在非常快的时间内就计算出结果。

但是净现值排序法和净现值率排序法也存在缺点，这两种方法所选取的方案组合并不一定是最优的决策。

9.1.3　数学建模求解(Excel 规划求解器)

1. 建立数学规划

独立型多方案的选择问题，其决策可以看作是对具体的某一方案是否要选取。对于决策为是和否的决策变量，可以用 0/1 变量(二进制变量，Binary variables)来表示。例如，对于 A 方案，设置一个决策变量 x_A，x_A 只可以取值 0 或者 1。当 $x_A = 0$ 时，表明对是否选择 A 方案的决策是"否"，当 $x_A = 1$ 时，表明对是否选择 A 方案的决策是"是"。当遇到有 10 个方案的情况，例如 A，B，…，J 共 10 个方案，可设立 10 个决策变量 x_A，x_B，…，x_J。这 10 个变量都为 0/1 变量，分别表示对于这 10 个方案，分别是否选取。

根据这个思路，我们可以针对之前的问题建立数学规划。

① 建立数学规划的决策变量，即 x_A，x_B，…，x_J。

② 该数学规划的目标值使得总的净现值之和最大，而总的净现值可以通过下式计算：

$$\text{sum(NPV)} = x_A \, NPV_A + x_B \, NPV_B + \cdots + x_J \, NPV_J$$

③ 该数学规划的约束条件为总的投资额不高于 400 万元，而总的投资额为

$$\text{sum}(K) = x_A K_A + x_B K_B + \cdots + x_J K_J$$

另外，决策变量的定义决定了相应的约束条件为

$$x_A, \ x_B, \ \cdots, \ x_J \in \{0, \ 1\}$$

那么，我们现在可以建立数学规划问题：

$$\max x_A \, NPV_A + x_B \, NPV_B + \cdots + x_J \, NPV_J$$

s.t.:

$$x_A K_A + x_B K_B + \cdots + x_J K_J \leqslant 400$$
$$x_A, \ x_B, \ \cdots, \ x_J \in \{0, \ 1\}$$

2. Excel 规划求解

根据上述数学规划，我们可以在 Excel 表中建模求解(见图 9.3)：

① 首先，我们规划出 10 个单元格作为决策变量所在的单元格(可变单元格)，为了便于计算，这 10 个单元格与之前的数据平行。

② 之后根据决策变量，计算出总的净现值之和。这里我们分为两步：第一步，计算各个方案的实际 NPV，如 $x_A \, NPV_A$；第二步，将所有的实际 NPV 求和。计算出来的净现值之和用橙色标记出来，这是规划求解器的目标值。

③ 再根据决策变量，计算出实际投资之和，并用绿色标记。这里的步骤与上一步类似。

④ 调用规划求解器：

a) 设置目标单元格为目标值所在单元格(橙色单元格)；

b) 设置目标值取最大值(To：Max)；

c) 设置可变单元格为决策变量所在的单元格；

d) 增加第一个约束条件，即实际投资之和不大于 400；

e) 增加第二个约束条件，即决策变量都是 0/1 变量(选取可变单元格，变量类型设置为 Bin)。

f) 点击"Solve"求解。

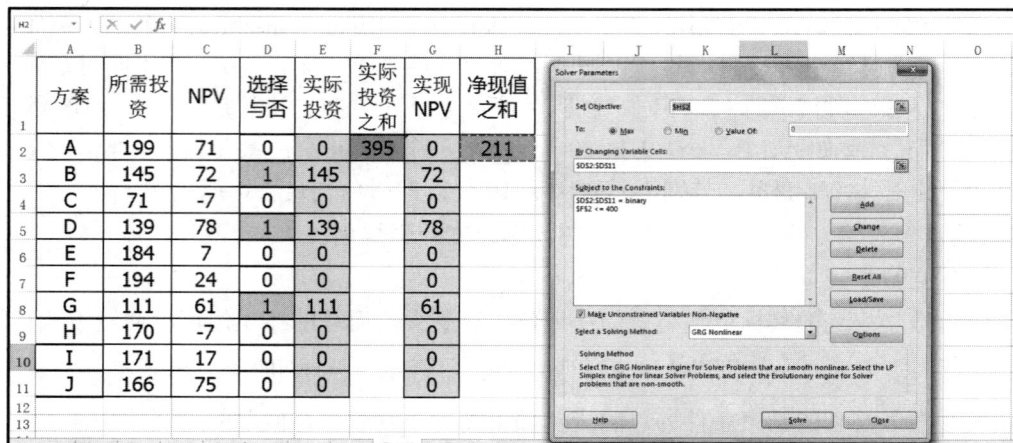

图 9.3　独立型方案决策问题的规划求解

9.2　混合型方案

当一个企业的投资方案不止一个时，不同的投资方向之间的业务是相互独立的，而对每个投资方向而言，却可能有不止一个可供选择的方案，即方案组合中既有独立方案，又有互斥方案时，就构成了混合型方案。与独立型方案一样，混合型方案群也可分为无资源限制和有资源限制两种情况。当不存在资源约束时，只要从各独立方案中选择互斥型方案中净现值或净年值最大的方案加以组合。存在资源约束时，由于不同方案之间有可能存在不能同时选取的情况，选择方法就比较复杂。

由于不存在资源约束时该问题可以直接解决，本节仅仅考虑有资源约束时如何解决该问题。当存在资源约束，而且又存在互斥型方案时，该问题依旧可以看作背包问题，只是在原有的问题基础上，增加了额外的约束条件，即如下背包问题：

(1) 有一系列宝物，体积分别为 y_i，价值为 NPV_i。

(2) 有一个背包，体积是 Y。

(3) 选取宝物放到背包里，使得总价值最大。

(4) 约束条件是：有一些宝物不能一起带走。

对于这一类问题，可以考虑使用互斥组合法(枚举法)和规划求解法。

9.2.1　互斥组合化法

对于混合型方案，依旧可以采用互斥组合法的思路，把所有可能的投资组合列出来。之后分别剔除：① 总投资超过投资限额的组合；② 投资项目中存在互斥关系的组合。在剩余的可行组合中，进一步选择最优的组合方案。

但是这一方法也存在着费时、无法解决待选方案数量较多的问题。我们已经知道，如

果方案总数为 N，那么总的待筛选方案组合数(包含不满足互斥关系、投资预算等约束条件的组合)为 2^N 个。当 N 较大时，需要列出所有方案几乎不可能。在这种情况下，我们需要采用其他的方法。

9.2.2　基于 Excel 的规划求解

由于混合型多方案选择问题是在独立型多方案选择问题的基础上额外考虑项目的互斥性，因此我们在原有的规划求解的问题基础上，增加关于互斥方案的约束条件即可。

这里的关键是表示出"互斥方案的约束条件"。假设 A 方案和 B 方案所对应的决策变量为 x_A 和 x_B，均为 0/1 变量。若 A 方案和 B 方案互斥的话，即表明 x_A 和 x_B 不可以同时为 1。由于我们还知道 x_A 和 x_B 只能为 0 或 1，因此可以用下列数学不等式表明这一约束：

$$x_A + x_B \leqslant 1$$

即只要 x_A 和 x_B 满足上述条件，则 x_A 和 x_B 不能同时为 1。

将上述思路运用到混合型多方案的规划求解中，我们就可以建立相应的额外约束条件，并运用 Excel 规划求解器了。

例 9-5　某投资公司有初始投资预算 400 万元。现有 10 个备选的独立型方案，各个方案所需的初始投资和相应的净现值如表 9.5 所示。另外，B、C、D 为互斥方案，I、J 为互斥方案。

表 9.5　各个方案所需的初始投资和相应的净现值

方　案	投资/万元	NPV/万元
A	199	71
B	145	72
C	71	−7
D	139	78
E	184	7
F	194	24
G	111	61
H	170	−7
I	171	17
J	166	75

解答　运用 Excel 表单求解上述问题的步骤为：

(1) 规划出 10 个单元格作为决策变量所在的单元格(可变单元格)，为了便于计算，这 10 个单元格与之前的数据单元格平行。

(2) 根据决策变量，计算出总的净现值之和。

(3) 根据决策变量，计算出实际投资之和。

(4) 根据决策变量，计算两类互斥约束条件：B、C、D 方案互斥，所对应的约束条件为 $x_B + x_C + x_D \leqslant 1$，在 Excel 表单中，我们在一个单元格内计算出 $x_B + x_C + x_D$ 即可，具体公式为"= SUM(E3:E5)"；类似地，I、J 互斥的约束条件的不等式左边为"= SUM(E10:E11)"。

(5) 调用规划求解器：

① 设置目标单元格为目标值所在单元格(橙色单元格)；

② 设置目标值取最大值(To：Max)；

③ 设置可变单元格为决策变量所在的单元格；

④ 增加第一个约束条件，即实际投资之和不大于 400；

⑤ 增加第二个约束条件，$x_B + x_C + x_D \leq 1$，即 "= SUM(E3:E5)" 所在的单元格值小于等于 1；

⑥ 增加第三个约束条件，"= SUM(E10:E11)" 所在单元格值小于等于 1；

⑦ 增加最后一个约束条件，即决策变量都是 0/1 变量(选取可变单元格，变量类型设置为 Bin)；

⑧ 点击 "Solve" 求解。

具体的 Excel 表单建模如图 9.4 所示。

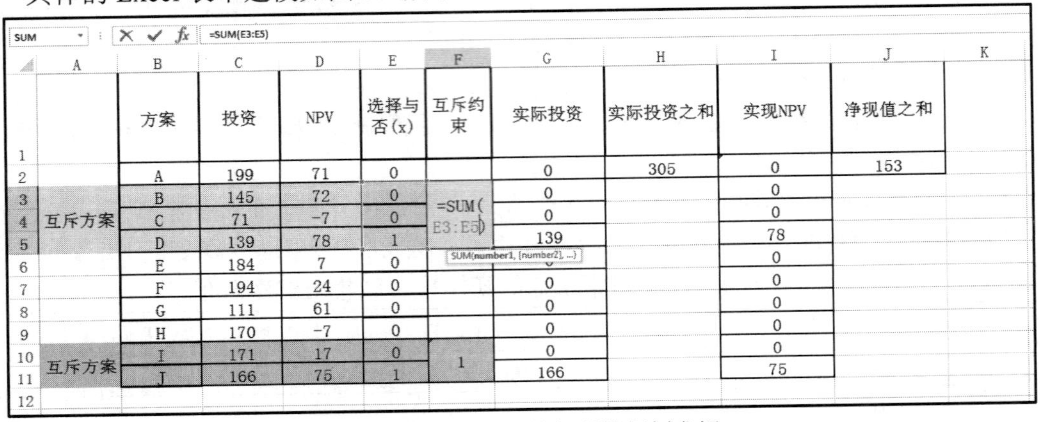

	方案	投资	NPV	选择与否(x)	互斥约束	实际投资	实际投资之和	实现NPV	净现值之和
	A	199	71	0		0	305	0	153
	B	145	72	0	=SUM(E3:E5)	0		0	
互斥方案	C	71	-7	0		0		0	
	D	139	78	1		139		78	
	E	184	7	0		0		0	
	F	194	24	0		0		0	
	G	111	61	0		0		0	
	H	170	-7	0		0		0	
互斥方案	I	171	17	0	1	0		0	
	J	166	75	1		166		75	

图 9.4　混合型方案决策问题的规划求解一

规划求解器的设置见图 9.5。

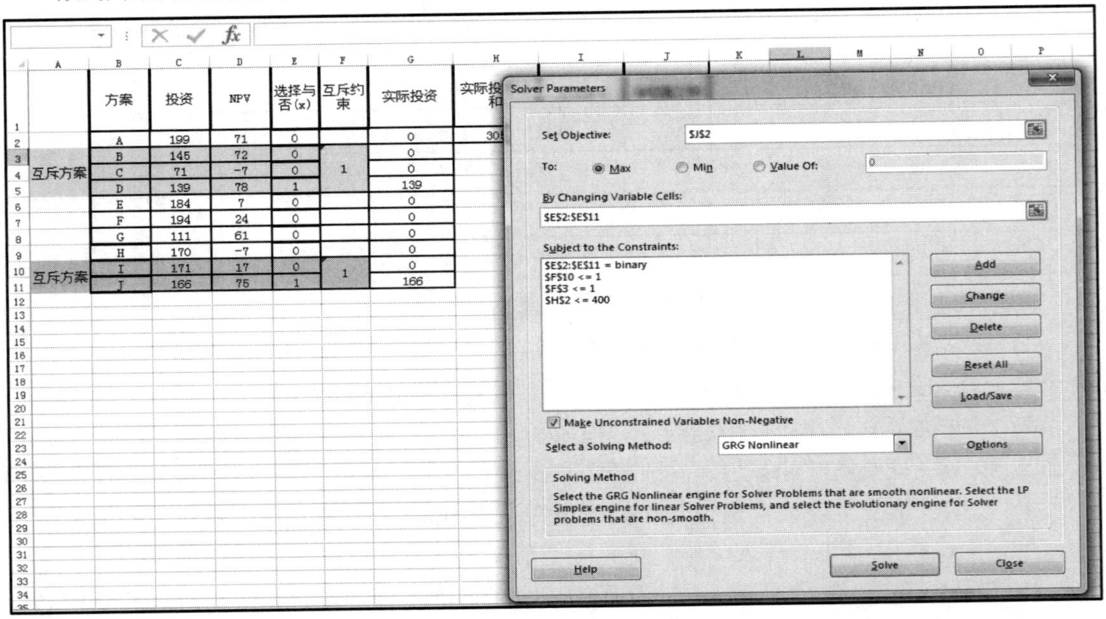

图 9.5　混合型方案决策问题的规划求解二

Excel 规划求解器求出的结果为选择 D 和 J 方案，所需要的投资为 305 万元，产生的净现值之和为 153 万元。可以看到这一结具并没有违反互斥方案的约束条件。需要注意的是，由于该问题的复杂性较高，Excel 规划求解器不能保证求出最优解。而且，给出不同的初始解，或是采用不同规划求解算法，规划求解器可能会计算出不同的结果。

习　　题

1. 某企业准备利用盈余资金进行投资，投资预算为 360 万元。现有多个寿命期相同的独立方案，各个方案所需投资以及估算的净现值如表 9.6 所示。

表 9.6　各个方案所需投资以及估算的净现值

方案	投资/万元	NPV/万元
A	75	129
B	119	11
C	116	141
D	105	54
E	133	26
F	85	83
G	50	86

(1) 采用净现值率排序法分析企业的投资组合；

(2) 运用规划求解器对该问题建模并求解企业的投资组合。

2. 其企业准备利用盈余资金进行投资，投资预算为 500 万元。现有多个寿命期相同的混合方案，其中方案 1、方案 2、方案 3 为互斥方案。各个方案所需投资以及估算的净现值如表 9.7 所示。

表 9.7　各个方案所需投资以及估算的净现值

	方　案	投资/万元	NPV/万元
互斥	1	108	30
	2	118	25
	3	139	140
独立	4	82	93
	5	95	17
	6	104	31
	7	87	123

运用规划求解器对该问题建模并求解企业的投资组合。

3. 某企业计划进行新的投资。现有三个行业方向，每个行业方向均有一系列可行的具体投资方案。企业准备集中于一个行业进行投资。三个行业以及各行业中的具体方案信息见表 9.8。

表 9.8　各个方案所需投资以及估算的净现值

	方　案	初始投资/万元	经营期各年净现金流/万元
A 行业	A1	852	350
	A2	864	420
	A3	791	370
B 行业	B1	1080	550
	B2	1013	500
C 行业	C1	793	450
	C2	750	500
	C3	788	500

假设各个方案的投资年限相同,均为 10 年。基准收益率为 10%。请运用 Excel 表单计算方法,结合规划求解器对该问题建模并求解企业的投资组合(行业之间互斥,行业内部独立)。

4. 某企业计划进行新的投资。现有两个地区,每个地区有一系列备选项目,但企业计划每个地区至多建立一个项目。两个地区以及各地区中的具体方案信息见表 9.9。

表 9.9　各个方案所需投资以及估算的净现值

	方　案	初始投资/万元	经营期各年净现金流/万元
A 地区	A1	779	268
	A2	716	333
	A3	796	308
B 地区	B1	618	281
	B2	761	281
	B3	716	299

假设各个方案的投资年限相同,均为 10 年。基准收益率为 10%。请运用 Excel 表单计算方法,结合规划求解器对该问题建模并求解企业的投资组合(地区之间独立,地区内部互斥)。

第 10 章
财务分析基础

之前的工程经济分析，主要是从工程项目本身出发分析项目的经济可行性。本章开始，将从投资者的角度出发，研究投资的经济可行性。从项目自身角度出发的经济可行性分析与从投资者角度出发的经济可行性分析虽然密切相关，但是又有区别。当投资者通过企业对项目进行投资和经营时，投资者需要根据其经营所得支付所得税。此外，如果企业经营中还包含借贷资金，企业还需要偿还贷款、支付利息。因此，从经营者角度看，其现金流的情况与项目视角不同，具体有如下几点：

(1) 投资阶段，经营者的现金流出仅仅包含其自有资金的投入；而项目视角的现金流出为全部投资的现金流出。

(2) 经营阶段，经营者的现金流出除了经营成本与营业税收外，还包含贷款偿还、利息支付以及所得税支付；而项目视角的现金流出仅仅包括经营成本与营业税收。有些时候，我们进行财务分析时，也分析全部投资的现金流，此时全部投资的现金流出包括经营成本与营业税收和所得税。

为了分析投资者投资某一项目的盈利性，我们需要厘清投资者的现金流。为此，我们除了估算项目的投资、营业收入、营业成本及附加之外，也要关注下述要素：

(1) 投资结构估算，即自有资金和借贷资金的比例。这一比例不仅仅取决于项目的投资估算，也取决于投资者的融资能力。

(2) 还本付息计划，即在项目经营期内，每期的还本与利息支付。

(3) 所得税估算。其中

企业所得税 ＝ 税前利润 × 所得税率 ＝ (营业收入 － 营业成本 － 应扣项) × 所得税率

而应扣项包含每期折旧成本和利息支出。

(4) 经营期内各期折旧成本。

当上述各项要素都估算出来之后，我们可以通过以下公式对经营期间某一期经营者的现金流进行计算：

自有投资现金流 ＝ 营业收入 － 营业成本 － 还本与利息支付 － 企业所得税支付

因此，从投资者角度出发进行工程项目经济分析，需要进一步厘清一个投资项目的下述要素：① 投资与投资结构；② 营业收入与营业成本；③ 利息支付；④ 折旧成本；⑤ 税前利润；⑥ 所得税。

10.1 ≫≫ 财务分析相关概念

10.1.1 投资、投资估算与投资结构

1. 投资的定义

广义的投资是指投资活动，即投资主体为了特定的目的，获取预期收益而施行的一种价值垫付行为。而狭义的投资是指投入的资金数量，是指投资者为获取预期收益而投入的资金或资源以及其他形式的等值价值量，或者说是为了保证项目投产和生产经营活动的正常进行而投入的活劳动和物化劳动的价值总和，是为了未来收益而预先垫付的资金。作为狭义的投资，其结果一定是产生了一项资产。根据相应资产属性，投资包括固定资产投资、流动资产投资、无形资产投资及其他资产投资。

(1) 固定资产：固定资产是指企业使用期限超过 1 年的房屋、建筑物、机器、机械、运输工具，以及其他与生产、经营有关的设备、器具、工具等。不属于生产经营主要设备的物品，单位价值在 2000 元以上，并且使用年限超过 2 年的，也应当作为固定资产。在会计学中，固定资产是指企业用于生产商品或提供劳务、出租给他人，或为行政管理目的而持有的，预计使用年限超过一年的具有实物形态的资产。

(2) 流动资产：流动资产是指可以在一年或者超过一年的一个营业周期内变现或者耗用的资产。它由现金、应收及预付款项、存货等组成，也是企业用于购买、储存劳动对象(原材料、燃料、动力等)以及在生产过程和流通过程中占用的在产品、产成品等周转资金的投资。流动资产在生产经营过程中经常改变其存在状态，在一定营业周期内被变现或被耗用。

(3) 无形资产：由特定主体所拥有，无一定形态，不具实体，但可构成竞争优势或对生产经营发挥作用的非货币性资产。建设投资中，为购置工业产权、非专利技术、土地使用权等所发生的支出就形成无形资产投资。

(4) 其他资产投资：建设投资中除形成固定资产和无形资产以外，还包括生产准备费、开办费、租入固定资产改良支出等。按照现行企业所得税制的规定，除租入固定资产改良支出等可进行分期摊销外，其他一次性支出均应在发生时或在开业时一次性计入当期费用。

2. 投资估算

在对项目进行投资估算的时候，可以分要素、分时间对投资进行估算。例如，对于建设类型的固定资产，其投资部分包括建筑安装工程费、设备与工器具购置费、其他费用、预备费和建设期利息等五部分。在估算的时候，可以分这五个部分，进一步确定相应的要素分别进行估算。除此之外，投资估算也可以采用产能估算法、系数估算法等。

3. 投资结构

在确定投资总额之后，需要确定投资的具体来源，即投资的结构。资金的来源主要包括两部分：自有资金和借贷资金。投资的结构指投资项目的资金来源与数量构成(自有资金

和借贷资金的比例)。使用不同来源的资金所需要付出的代价是不同的。对于借贷资金,需要偿还本金,支付利息。如何选择资金的来源与数量,不仅与项目所需的资金量有关,而且与项目的经济效益有关。

10.1.2 营业收入和经营成本

1. 营业收入

营业收入是指企业在从事销售商品,提供劳务和让渡资产使用权等日常经营业务过程中所形成的经济利益的总流入。营业收入是企业补偿生产经营耗费的资金来源,是企业的主要经营成果,是企业取得利润的重要保障。

营业收入包括主营业务收入和其他业务收入,即

$$营业收入 = 主营业务收入 + 其他业务收入$$

或

$$营业收入 = 产品销售量(或服务量) \times 产品单价(或服务单价)$$

2. 经营成本

成本费用是企业为生产商品和提供劳务等所耗费的物化劳动、活劳动中必要劳动的价值的货币表现,是商品价值的重要组成部分。成本费用是补偿生产耗费的尺度,是企业计算盈亏、进行决策的重要依据。

事实上,成本费用的含义非常广泛,不同的情形下需要使用不同的成本费用概念。工程经济学项目评价中所使用的特定成本概念是指经营成本,经营成本涉及产品生产及销售、企业管理过程中的物料、人力和能源的投入费用,它反映企业生产和管理水平,同类企业的经营成本具有很强的可比性。经营成本体现了项目运营期的主要现金流出,其构成和估算可采取下式表达:

$$经营成本 = 外购原材料燃料动力费用 + 工资及福利 + 修理费用 + 其他费用$$

10.1.3 利息支付

当资金来源中包含借贷资金时,可以运用项目的收入去偿还贷款本金与支付利息。在进行财务分析的时候,利息可以作为可扣除项,在计算所得税的时候扣除。因此,对项目的利息支付进行估算也是进行进一步财务分析的基础。

具体而言,如果确定了项目对于贷款的偿还计划,就可以进一步根据下述公式计算项目进行过程中各期的利息支付情况:

$$每期利息支付额 = 当期期初欠款 \times 利率$$
$$当期期初欠款 = 前一期期末欠款$$
$$当期期末欠款 = 当期期初欠款 - 当期本金偿还额$$
$$当期本金偿还额 + 当期利息支付额 = 当期本息支付额$$

例 10-1 某项目投资中借贷资金为 1000 万元,如果采用分期等额付款,在 10 年内每年年末偿付,试分析项目进行过程中各年的具体还息情况。(贷款利率为 6%)

解答 首先,运用 Excel 中的 PMT 函数,可以计算分期付款每期需还款 135.87 万元;

之后，编制利息计算表，并按照前述公式进行迭代计算，如图 10.1 所示。

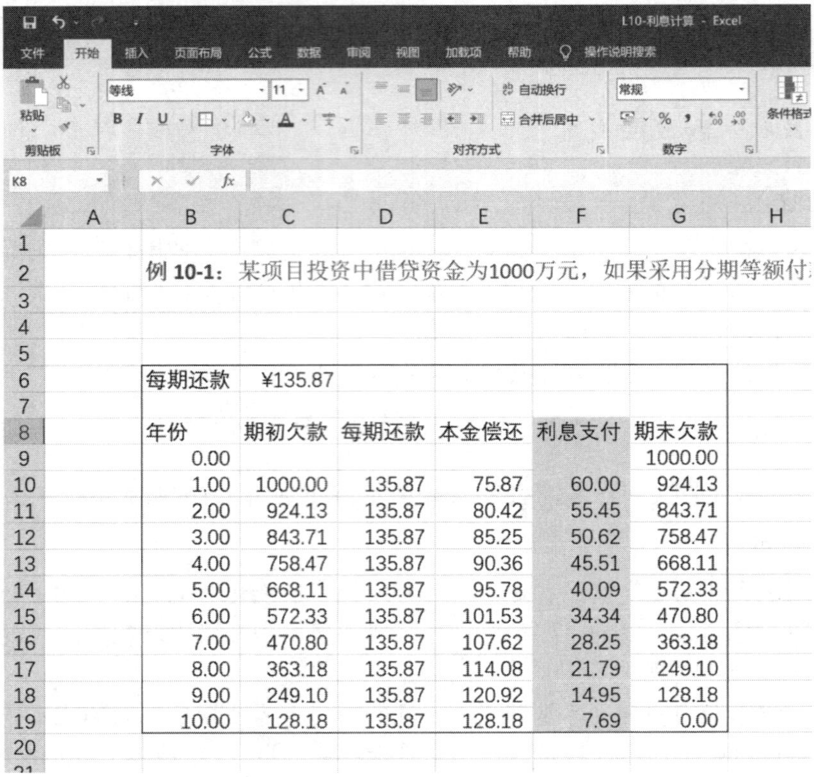

例 10-1：某项目投资中借贷资金为1000万元，如果采用分期等额付

每期还款	¥135.87				
年份	期初欠款	每期还款	本金偿还	利息支付	期末欠款
0.00					1000.00
1.00	1000.00	135.87	75.87	60.00	924.13
2.00	924.13	135.87	80.42	55.45	843.71
3.00	843.71	135.87	85.25	50.62	758.47
4.00	758.47	135.87	90.36	45.51	668.11
5.00	668.11	135.87	95.78	40.09	572.33
6.00	572.33	135.87	101.53	34.34	470.80
7.00	470.80	135.87	107.62	28.25	363.18
8.00	363.18	135.87	114.08	21.79	249.10
9.00	249.10	135.87	120.92	14.95	128.18
10.00	128.18	135.87	128.18	7.69	0.00

图 10.1 贷款利息估算表

10.1.4 折旧成本

1. 投资、固定资产、折旧成本的关系

一般情况下投资是现金流流出，进而形成资产。项目的经营过程也是资产的消耗过程，资产的消耗体现了资产价值的逐渐流失，相应的时间内资产价值的流失不一定是现金流出。

下述例子可以体现某些成本的发生甚至是看不见的资产消耗。某企业在 2010 年花了 1000 万元购买了一套新的生产设备。这意味着该企业 2010 年产生了固定资产投资 1000 万元。该设备在未来 10 年内被运用于生产，10 年后报废且报废价值为 0。在设备被使用的过程中，该资产事实上是被消耗了(虽然肉眼上不易观察)，因此企业会记录每年相应的成本费用(例如，每年 100 万元的折旧成本)。可以看到，折旧成本的发生并不体现为现金流流出，它体现的是固定资产的一种损耗。

从上述例子可以看到，投资虽然不是成本，但是投资所产生的资产在经营活动中逐渐被消耗，进而产生了折旧成本费用。它们之间的关系见图 10.2。

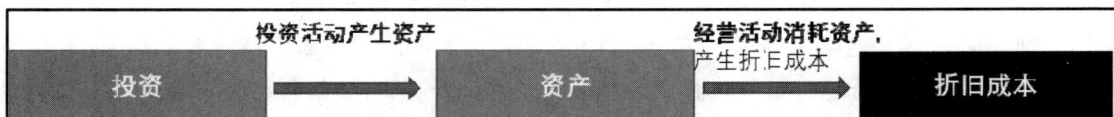

图 10.2 投资、资产、折旧成本的关系

2. 固定资产折旧计算方法

由于固定资产的消耗是无法被直接观察到的，故需要采用一定的方法来表示这种固定资产的消耗，这种方法就是固定资产的折旧方法。资产折旧计算方法主要包括平均年限法、工作量法、加速折旧法等，其中加速折旧法包括双倍余额递减法和年数总和法。

1) 平均年限法

平均年限法的潜在假设是固定资产价值是在寿命期内被均匀消耗掉的，因此平均年限法常常也被称为直线折旧法或线性折旧法。平均年限法下固定资产的各年折旧额为

$$年折旧额 = \frac{固定资产原值 - 固定资产寿命期末残值}{折旧年限}$$

其中，固定资产残值是预计折旧年限终了时的固定资产残值减去清理费用后的余额。

固定资产的年折旧率指的是各年折旧额占资产原值的比例。平均年限法下，年折旧率为

$$年折旧率 = \frac{年折旧额}{固定资产原值} \times 100\% = \frac{\left(\dfrac{固定资产原值 - 固定资产寿命期末残值}{折旧年限}\right)}{固定资产原值} \times 100\%$$

$$= \frac{(1 - 残值率)}{折旧年限} \times 100\%$$

净残值率是指固定资产净残值与固定资产原值之比，一般为 3%～5%，各类固定资产的折旧年限由财政部统一规定。

2) 工作量法

如果固定资产的消耗可以像流动资产的消耗一样被观察到时，可以使用工作量法来计算资产折旧额。对于一些专业设备或交通运输车辆的折旧，可以以固定资产完成的工作量(行驶里程、工作小时、工作台班、产品数量等)为单位计算折旧额：

$$单位工作量折旧额 = \frac{固定资产原值 - 固定资产寿命期末残值}{使用期限内的额定完成工作量}$$

相应的年折旧额为该年工作量乘上单位工作量折旧额：

$$年折旧额 = 该年实际工作量 \times 单位工作量折旧额$$

例如，某运输车辆购置时计固定资产价值为 100 万元，其规定的最大行驶里程数为 60 万千米。此外，该车辆报废时价值为 10 万元。该车辆 2018 年的行驶里程数为 6 万千米。

首先，该车辆的每千米数折旧额为

$$\frac{100 - 10}{60} = 1.5 \ (元 / 千米)$$

那么这一年相应的折旧额应为

$$6 \times 1.5 = 9 万元$$

3) 加速折旧法——双倍余额递减法

由于固定资产从形成到报废，其价值的消耗不仅体现在物理意义上的消耗(磨损或是腐蚀)，还体现在其技术水平随时代进步越来越落后，因而价值会加速缩减。加速折旧法可以体现资产价值的加速缩减。

一种常用的加速折旧法是双倍余额递减法，其思路是在前期以线性折旧法两倍的折旧

率进行折旧。双倍余额递减法的年折旧额是以年初固定资产净值(固定资产价值余额)乘以线性折旧率的 2 倍。特点是年折旧率不变,年折旧额递减,计算不考虑固定资产净残值。其年折旧率和年折旧额的计算公式为

$$年折旧率 = \frac{2}{折旧年限} \times 100\%$$

$$年折旧额 = 年初固定资产净值 \times 年折旧率$$

$$最后两年折旧额 = \frac{固定资产净值 - 固定资产净残值}{2}$$

考虑一个 100 万元的固定资产,经营期 4 年,4 年后固定资产报废且无报废价值。若采用双倍余额递减法进行折旧,其折旧额的计算如表 10.1 所示。

表 10.1　双倍余额递减法计算折旧额

年　份	0	1	2	3	4
资产净值/万元	100	50	25	12.5	0
折旧率		0.5	0.5		
折旧额/万元		50	25	12.5	12.5

双倍余额递减法的思路是在前期以线性折旧法两倍的折旧率进行折旧。根据这一思路,可以采用更高倍数的折旧率,这就是多倍余额递减法。读者可以试着自行推导三倍余额递减法的计算公式。

4) 加速折旧法——年数总和法

年数总和法的主要特点是折旧基数不变,年折旧率递减。年数总和法的各年折旧率的计算公式为

$$第 n 年折旧率 = \frac{N-n+1}{\sum_{k=1}^{N} k} \times 100\%$$

其中,N 为设备折旧总年限。

可以看到,折旧率随着使用年限的增加递减。注意到 $\sum_{k=1}^{N} k = \frac{N(N+1)}{2}$,我们也可以用下述公式计算各年的折旧率:

$$各年折旧率 = \frac{2 \times (折旧年限 - 已使用年限)}{折旧年限 \times (折旧年限 + 1)} \times 100\%$$

$$各年折旧额 = (固定资产原值 - 期末残值) \times 各年折旧率$$

10.1.5　税前利润和所得税

1. 利润

利润可以分为广义的利润(一般语境中谈及的经济利润)和狭义的利润(特指会计利润)。

(1) 经济利润。一般意义上,经济利润等于总收入减去总成本的差额。

(2) 会计利润。会计利润是指经过具有资格的会计严格核算得出来的利润,又称销售

利润，具有法律意义。会计利润是税务部门征收所得税的依据。

$$会计利润 = 销售收入 - (经营成本 + 利息支出 + 折旧与摊销) - 营业税$$

2. 所得税

税收是以实现国家公共财政职能为目的，基于政治权力和法律规定，由政府专门机构向居民和非居民就其财产或特定行为实施强制的金钱或实物征收，是一种财政收入的形式。国家依据法律法规对有纳税义务的单位和个人征收的这种财政资金就是税金。税金对于纳税义务人来说，是一项必须负担的支出和费用，对纳税人投资项目的经济效益产生影响。

我国现行税制按课税对象的不同性质以及税收作用，可分为流转税类、所得税类、资源税类、特定目的税、财产和行为税类五大类。这五大类税收中，企业所得税根据企业的利润大小(而非净现金流)进行征收。因此企业的利润核算一定程度上决定了企业所得税的支出。企业所得税的计算公式为

$$企业所得税 = 销售利润 \times 所得税率 = (营业收入 - 营业成本 - 应扣项) \times 所得税率$$

一般对于企业而言，上述公式的应扣项包含两部分：折旧成本以及利息。当确定了项目经营期各年的营业收入、营业成本、折旧成本以及利息支付，就可以估算出项目经营期各年的所得税支付情况，进而可以对项目进行税后的财务分析。

10.1.6　税后现金流

经营项目的企业，其经营期的税后现金流可以按照如下步骤进行估算：

(1) 进行投资估算与投资结构估算；

(2) 对经营期的营业收入、营业成本进行估算；

(3) 基于投资结构中的借贷资金，对经营期的利息支付情况进行估算；

(4) 基于投资，对经营期的折旧成本进行估算；

(5) 基于经营期营业收入、营业成本、利息支付、折旧成本，估算税前利润，并根据所得税率，估算所得税；

(6) 根据营业收入、营业成本、还本付息、所得税支付，进一步估算企业的税后现金流。

$$税后现金流 = 营业收入 - 营业成本 - 还本与利息支付 - 企业所得税支付$$

10.1.7　利润与净现金流的关系

现金流量是指特定经济系统一定时期内现金流入和流出的数量。特定经济系统实现的净利润与现金流量，都是其经营成果，都是分析、评价经济效果的主要指标。但是，在工程经济评价中，我们更加侧重于利用现金流量进行经济效果的分析评价，其原因主要有以下几点：

(1) 在项目的整个投资有效年限内，净利润总计与现金流量总计是相等的。因此，可以用现金流量替代净利润进行经济效果的评价。

(2) 净利润在很大程度上受人为因素的影响，而现金流量不受人为因素的影响，比较客观。

(3) 现金流量比净利润更能反映企业的盈利质量，现金流量状况决定企业的生存能力。

(4) 现金流量决定价值创造。

10.2 ▶▶▶ 固定资产折旧对利税的影响

10.2.1 折旧对利润、税收的影响

资产的消耗即为折旧成本的发生。对于流动资产的消耗(例如原材料的消耗等),企业可以实际观察并立刻进行记录。而固定资产的消耗(例如房屋、设备的腐蚀损耗,电子设备的贬值)是企业无法观察到的。这些无法观察到,但是实际发生的资产消耗,企业如果不作为成本进行记录的话,会造成企业的会计利润提高,进而支付更高的所得税。

例 10-2 小王投资 100 万元购买一个固定资产进行经营,经营期 4 年,每年扣除经营成本后收入 30 万元,所得税税率为 25%。4 年后固定资产报废,无报废价值。若不考虑折旧成本,分析其各年利税(即利润、所得税、净现金流)情况。

解答 可以看到,这个固定资产其实是作为经营的资产,在 4 年经营过程中被消耗了。如果这些消耗不计入企业的成本,其四年利润、所得税、净现金流情况如表 10.2 所示。

表 10.2　不考虑资产折旧成本情况下项目的利税

年　份	0	1	2	3	4
投资/万元	−100				
收入/万元		30	30	30	30
利润/万元		30	30	30	30
所得税/万元		7.5	7.5	7.5	7.5
净现金流/万元	−100	22.5	22.5	22.5	22.5

可以看到,这种无视固定资产损耗的情况明显不合理,投资者花了 100 万元购置资产,而在企业成本上却没有丝毫体现,进而导致账面利润及应缴所得税虚高。所以,需要有一种方式能够体现企业固定资产的损耗,这就是固定资产折旧。

固定资产在使用过程中会逐渐磨损和贬值,其价值逐步转移到产品中去,称为固定资产折旧。转移的价值以折旧费的形式计入产品成本。在上例中,若考虑企业每年发生 25 万元的折旧成本,相应的利润、所得税、净现金流情况如表 10.3 所示。

表 10.3　考虑资产折旧成本情况下项目的利税

年　份	0	1	2	3	4
投资/万元	−100				
收入/万元		30	30	30	30
成本(折旧)/万元		25	25	25	25
利润/万元		5	5	5	5
所得税/万元		1.25	1.25	1.25	1.25
净现金流/万元	−100	28.75	28.75	28.75	28.75

可以看到,相比于不考虑固定资产的消耗,考虑资产折旧的核算方式更加符合经济常识。

10.2.2 不同折旧方法对于利税的影响

加速折旧法的前期折旧额要显著高于平均年限法，因此可以快速将资产折旧。由于更高的折旧成本意味着更高的计税扣除项，也就意味着企业前期的计税利润额减少，提交所得税减少，企业的现金流增加。下面比较平均折旧法、双倍余额递减法以及年数总和法三种折旧方法对于企业利润、税收及现金流的影响。

例 10-3 某人初始投资 10 亿元购买某项资产，经营期 4 年，每年扣除经营成本后收入 4 亿元，所得税税率为 25%。资产折旧期为 4 年，残值为 0。企业缴纳所得税时，可扣除项只有折旧成本。

比较直线折旧法、双倍余额递减法、年数总和法三种折旧方法下企业的利税情况。

解答 在直线折旧方法下，我们可以编制如表 10.4 所示的表格计算企业利润、所得税与净现金流。

表 10.4 直线折旧法下项目的利税

年 份	0	1	2	3	4
投资/亿元	10				
收入/亿元		4	4	4	4
年折旧率		0.25	0.25	0.25	0.25
折旧成本/亿元		2.5	2.5	2.5	2.5
利润/亿元		1.5	1.5	1.5	1.5
所得税/亿元		0.375	0.375	0.375	0.375
净现金流/亿元		3.625	3.625	3.625	3.625

使用双倍余额递减法进行折旧的情况下，企业利润、所得税与净现金流的计算如表 10.5 所示。

表 10.5 双倍余额递减法下项目的利税

年 份	0	1	2	3	4
投资/亿元	−10				
收入/亿元		4	4	4	4
年折旧率		0.5	0.5	0.5	0.5
资产净值/亿元		10	5	2.5	1.25
折旧成本/亿元		5	2.5	1.25	1.25
利润/亿元		−1	1.5	2.75	2.75
所得税/亿元		0	0.375	0.6875	0.6875
净现金流/亿元		4	3.625	3.3125	3.3125

使用年数总和法进行折旧，如表 10.6 所示。

表 10.6　年数总和法下项目的利税

年　份	0	1	2	3	4
投资/亿元	10				
收入/亿元		4	4	4	4
年折旧率		0.4	0.3	0.2	0.1
折旧成本/亿元		4	3	2	1
利润/亿元		0	1	2	3
所得税/亿元		0	0.25	0.5	0.75
净现金流/亿元		4	3.75	3.5	3.25

比较三种方法下不同年份的折旧成本，我们可以得到图 10.3。

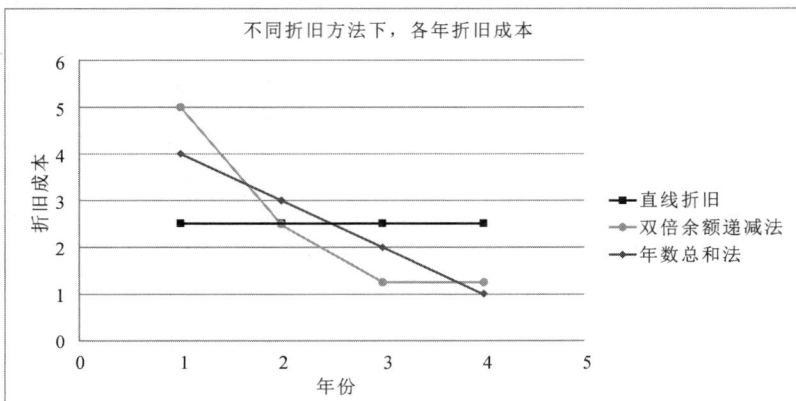

图 10.3　三种方法下的折旧成本比较

观察图 10.3 以及三个表格(表 10.4 至表 10.6)，我们可以看到：

(1) 三种方法中，前期双倍余额递减法折旧成本最高，利润最低，缴纳所得税最少，而现金流最大。

(2) 一般而言(没有亏损的情况下)，不同折旧方法下，四年折旧成本之和相同，需缴纳所得税之和相同，企业净现金流之和相同。因此，不同折旧方法改变的仅仅是折旧成本、税收、现金流在不同时间里的分配情况。

固定资产的折旧成本会影响企业的利润，进而影响企业缴纳的所得税。为保证国家正常的税收来源，防止企业多提和快提折旧费，现行财务制度对折旧方法和折旧年限均有明确规定。我国将企业的固定资产分为 3 大部分，共 22 类，对各类固定资产折旧年限规定了最高限和最低限。

10.3　投资结构及利息的影响

10.3.1　资金结构与财务杠杆

使用不同来源的资金所需要付出的代价是不同的。资金结构指投资项目的资金来源与数量构成(自有资金和借贷资金的比例)。如何选择资金的来源与数量，不仅与项目所需的资金量有关，而且与项目的经济效益有关。

项目全部投资的盈利能力基本上不受融资方案的影响，可以反映项目方案本身的盈利水平。自有资金的盈利能力反映企业投资者出资的盈利水平，反映企业从项目中获得的经济效益。全部投资的效果与自有资金投资的效果一般是不同的。

设全部投资为 K，自有资金为 K_0，贷款为 K_L，全部投资收益率为 R，自有资金收益率为 R_0，贷款利率为 R_L，则下述公式可以估算自有资金的收益率：

$$R_0 = R + \frac{K_L}{K_0}(R - R_L)$$

可以观察到：

① 当 $R > R_L$ 时，$R_0 > R$；

② 当 $R < R_L$ 时，$R_0 < R$。

而且全部投资收益率与贷款利率之差 $(R - R_L)$ 被资金构成比 K_L/K_0 所放大，这种放大效应称为财务杠杆效应，K_L/K 称为债务比。

10.3.2　投资结构对税收的影响

由于利息支付也属于企业计算所得税时的可扣除项，因此企业的投资结构(负债比例)会影响企业的利息支付情况，进而影响企业的税收。

例 10-4　某企业考虑投资某个收费高速公路，初始投资为 20 亿元，预测每年营业收入 2 亿元，每年经营成本、折旧成本合计估算约为 1.2 亿元。高速公路收费年限为 20 年，到期后无偿转交政府经营。若所得税率为 25%。有下述两种投资结构：

① 20 亿元投资全部由投资者出资。

② 20 亿元中，50% 由投资者直接出资，50% 来自银行贷款资金。

比较两种情况下企业的利税情况。

解答　(1) 20 亿元投资全部由投资者出资。此时，企业经营期各年税前利润为 2 − 1.2 = 0.8 亿元，应该缴纳所得税 0.8 × 25% = 0.2 亿元。

(2) 20 亿元中，50% 由投资者直接出资，50% 来自于银行贷款资金。若贷款利率为 6% 每年，第一年企业偿还利息为 10 × 6% = 0.6 亿元。此时，企业第一年的税前利润为 2 − 1.2 − 0.6 = 0.2 亿元，应缴纳所得税为 0.2 × 25% = 0.05 亿元。

由上述例子可以看到，当投资中贷款比例越高时，企业支付的利息就会越高，进而导致企业的账面利润减少，应缴所得税降低。

10.4　财务分析：基于税后现金流的经济评价

财务分析是从投资者的角度考察项目的财务盈利性、项目的财务风险。在对企业投资、经营数据预测的基础上，可以编制一系列的财务报表，进而对项目的财务盈利性、财务风险进行考察。财务报表主要包括财务分析的三大基础报表：损益表、现金流量表、资产负债表。除此之外，有的时候我们还需要编制资金来源与运用表、还贷计划表等，以考察企业的财务风险。

需要说明的是，编制这些财务估算表的基础包括：投资与投资结构估算、营业收入和营业成本估算、还本付息计划估算、折旧成本估算。

10.4.1 损益表

损益表用于估算企业的销售利润、所得税。表格行要素主要包含：销售收入(营业收入)、经营成本(及营业税)、利息支付、折旧与摊销、销售利润、所得税、税后利润。其中，利息支付和折旧与摊销的估算方法我们已经在上一章学过。当进一步估算出销售收入(营业收入)和经营成本(及营业税)之后，可用以下公式估算企业的销售利润：

$$销售利润 = 销售收入 - (经营成本 + 利息支付 + 折旧与摊销) - 营业税$$

进而可以估算所得税和税后利润：

$$所得税 = 销售利润 \times 所得税率$$

$$税后利润 = 销售利润 - 所得税 = 销售利润 \times (1 - 所得税率)$$

根据这些估算结果，可以编制相应的损益表(估算)，其基本结构如图 10.4 所示(Excel 显示仅保留一位小数)。

年份	0	1	2	3	4	5	6	7
营业收入		560	800	800	800	800	800	800
经营成本		150	200	200	200	200	200	200
折旧成本		158.3	158.3	158.3	158.3	158.3	158.3	158.3
支付利息		250.0	248.5	246.8	245.0	242.9	240.7	238.3
税前利润		1.7	193.2	194.9	196.7	198.7	200.9	203.4
所得税 (25%税率)		0.4	48.3	48.7	49.2	49.7	50.2	50.8
税后利润		1.2	144.9	146.1	147.5	149.0	150.7	152.5

图 10.4　损益估算表

10.4.2 现金流量表(估算税后现金流)

财务现金流量表包括项目整体现金流量表和自有资金现金流量表。其中项目整体现金流量表从项目角度出发，并不考虑投资者和债务方(如贷款银行)之间的现金流动；而自有资金现金流量表从投资者角度出发，投资者支付给债务方的利息为现金流出，而债务方的出资不作为现金流出考虑。基于前一节的所得税估算结果，经营期项目整体现金流可以通过下述公式进行估算：

$$项目净现金流 = 销售收入 - 经营成本 - 营业税 - 所得税$$

而经营期自有资金现金流估算公式为

$$投资者净现金流 = 销售收入 - 经营成本 - 营业税 - 所得税 - 偿还本金 - 利息$$

两种表格的基本结构分别如图 10.5 和图 10.6 所示(Excel 显示仅保留一位小数)。

年份	0	1	2	3	4	5	6	7
现金流入								
营业收入		560	800	800	800	800	800	800
残值回收								
现金流出								
自有资金投资	2500							
借贷资金投资	2500							
经营成本		150	200	200	200	200	200	200
所得税（25%税率）		0.4	48.3	48.7	49.2	49.7	50.2	50.8
净现金流	-5000	409.6	551.7	551.3	550.8	550.3	549.8	549.2

图 10.5　现金流量估算表(全部投资)

年份	0	1	2	3	4	5	6	7
现金流入								
营业收入		560	800	800	800	800	800	800
残值回收								
现金流出								
自有资金投资	2500							
经营成本		150	200	200	200	200	200	200
还本		15.2	16.7	18.4	20.2	22.3	24.5	26.9
支付利息		250.0	248.5	246.8	245.0	242.9	240.7	238.3
所得税（25%税率）		0.4	48.3	48.7	49.2	49.7	50.2	50.8
净现金流	-2500	144.4	286.5	286.1	285.6	285.1	284.6	284.0

图 10.6　现金流量估算表(投资者资金)

10.4.3　财务盈利能力分析

基于自有资金的现金流量表，运用前述工程经济分析的相关方法，可以进一步计算项目的净现值、内部收益率，即自有资金投资财务净现值(FNPV)、自有资金的财务内部收益率(FIRR)。

10.4.4　财务风险分析

资金运行的可行性是指项目的资金安排必须使每期(年)资金能够保证项目的正常运转，即每期的资金来源加上上期的结余必须足以支付本期所需要使用的资金。如果企业某一个时间，其可用资金无法支付当期的员工工资、材料采购应付款等，那么此时企业毫无疑问面临着财务不可持续的风险。因此，满足资金运行可行性的条件是：

各年累计盈余资金≥0

在财务分析中，我们也需要对企业未来的各年资金来源、资金运用与累计盈余资金进行测算，编制资金来源与运用表，以分析企业资金运行的可行性。

习　　题

1. 某企业购入一个生产设备，资产原值为 100 万元，预计使用时间为 10 年，残值率为 5%。请分别列出直线折旧法、年数总和法、双倍余额递减法下，企业各年的折旧成本。

2. 某 IT 企业开发新系统，向银行贷款 100 万元作为运营启动资金。计划采用等额分期支付的方式偿还贷款，为期 10 年，每年年底还款。请列表(Excel 表)计算企业每年还款总额以及企业每年还款中的利息、本金构成。

3. 若上述 IT 企业每年偿还等额本金，即每年偿还本金 10 万元，请列表(Excel 表)计算该企业每年应偿还的利息。

4. 某企业准备投资并经营一项资产项目，以下是项目的相关估算：

(1) 资产投资额为 10 亿元，其中 50% 为自有资金、50% 为银行贷款；

(2) 资产投资后即刻可以进行经营，资产原值即为投资额，资产经营使用年限为 20 年，20 年后残值为 0；

(3) 在经营的 20 年内，银行贷款采用等额分付的方式偿还，每年年底还款，年利率为 6%；

(4) 预计经营期间，初始年营业收入为 1.5 亿元，每年增长 2%，初始经营成本(包含营业税)估算为 0.5 亿元，每年增长 1%；

(5) 企业经营期间所得税率为 25%，企业的基准收益率为 10%。

请编制企业的损益估算表、自有资金现金流量估算表，并对企业的财务盈利能力进行分析。

第 11 章
风险评价——盈亏平衡分析与敏感性分析

工程项目的经济性与其自身的风险密切相关。很多看似盈利性不错的项目，却存在较大的风险，而一些盈利性一般的项目，风险极小。工程经济分析不仅仅需要分析项目的经济性，也需要对项目的风险大小进行刻画，为决策者提供关于项目的更全面、立体的评价信息。风险评价就是对项目的风险大小进行刻画，有的时候又称为不确定性分析。

11.1 不确定性分析概述

投资项目的经济效果与工程经济分析所采用的参数之间成一种函数关系。参数用于表示预估或规定的任何变量，包括投资、成本、产量、售价等经济要素，如贷款利率和通货膨胀率之类的估计值也可以作为分析的参数。由于未来预期值在某种程度上总是不准确的，这些经济要素的变化会引起经济效果数值的变化。不确定性，一方面是指影响方案经济效果的各种要素(比如各种价格、销售量)的未来变化带有不确定性，科学技术的进步和经济、政治形势的变化都会使生产成本、销售价格、销售量等发生变化；另一方面是指测算方案中各种经济要素的取值(比如投资额、产量)由于缺乏足够的准确信息和测算方法上的误差，使得方案的经济效果评价指标带有不确定性。

不确定性会导致工程经济分析得出的评价值指导下的决策具有风险，甚至造成决策失误。为了提高经济效果评价的可靠性和经济决策的科学性，就需要在确定性评价的基础上，进一步分析各种外部条件的变化或预测数据的误差对方案经济效果的影响程度以及方案本身对这种变化和误差的承受能力，这就是不确定性分析，它也是财务评价的内容之一。工程经济学中，不确定性分析的办法主要有两种：① 盈亏平衡分析，分析使得项目盈亏平衡的要素的临界值，以此来判断项目的风险；② 敏感性分析，分析要素变化会如何影响项目的经济效果，能够对要素变化引起的项目风险有一个更全面的认识。

11.2 盈亏平衡分析

盈亏平衡一般是指某单个项目的营业收入扣除税金及附加后等于其总成本费用，在这种情况下，项目的经营成果既无盈利又无亏损。盈亏平衡分析一般用来确定要使得一个项目能够达到盈亏平衡时某个变量所需要达到的数值(盈亏平衡点，BEP)，进而分析和判断拟建项目适应市场变化的能力和风险的大小的方法。例如，分析使得某个项目盈亏平衡时所需要的盈亏平衡市场销量，如果盈亏平衡市场销量太大，则说明实际预测的市场销量可能很难达到该数值，该项目难以实现盈亏平衡。

盈亏平衡点的表达形式有多种，它既可以用实物产量、单位产品售价、单位产品可变成本以及年固定成本总量表示，也可以用生产能力利用率等相对量表示。其中产量与生产能力利用率，在进行项目不确定性分析中应用最为广泛。事实上，之前介绍的投资回收期就是一种盈亏平衡分析，它分析的是使得项目盈亏平衡所需要达到的寿命期。

基本的盈亏平衡分析是通过分析产量、成本、利润之间的关系来计算盈亏平衡点的。根据这些要素是否成线性关系，分为线性盈亏平衡分析和非线性盈亏平衡分析。

11.2.1　线性盈亏平衡分析

线性盈亏平衡分析的基本假设包括以下几点：

(1) 企业的产量等于销量，即生产出的产品将全数售出。

(2) 成本可被准确地分类为固定成本或变动成本，固定成本与产量无关。

(3) 销售收入与产销量在相关区间内呈线性关系。(单位价格不变)

(4) 总的变动成本与产销量在相关区间内呈线性关系。

(5) 仅仅考虑一类产品(若存在多类产品可以转换为单类产品)。

基于这些假设，我们可以构建企业利润与相关要素之间的利润函数，进一步计算使得利润函数为 0 的某个要素的取值，就可以得出通过该要素表示的盈亏平衡点了。

例 11-1　某企业投资生产羽绒服，工厂的产能为 10 万件每年，每年的固定成本为 1000 万元。羽绒服平均每件售价 300 元，其可变生产成本为 180 元。分析该企业的盈亏平衡产销量。

解答　企业的利润计算公式为

$$净利润 = 总销售额 - 总变动成本 - 固定成本$$
$$= 产销量 \times 销售价格 - 产销量 \times 单位可变成本 - 固定成本$$
$$= Q \times 300 - Q \times 180 - 1000$$

令其净利润为 0，可计算得盈亏平衡产销量为 8.33 万件。

当工程经济分析中的某个变量未知时，例如收入、成本、利率或寿命期未知，可以通过计算使得净现值等于 0 时该变量的值来确定盈亏平衡值。事实上，这种分析的方法我们已经使用多次了。例如，计算动态投资回收期时，我们计算的就是使得累计净现值为 0 的时间；再例如，计算内部收益率时，我们计算的是使得净现值为 0 时的折现率。

常见的计算盈亏平衡值的方法包括：求解方程法、试错法、运用计算机表单软件结合相应的数学求解器(例如 Excel 中的单变量求解器或规划求解器)求解法。

11.2.2　优劣平衡分析

另外，盈亏平衡分析也可以用来分析使得两个项目盈利水平相等时某个变量所需要达到的数值(优劣平衡点，BEP)，如使得两个项目盈利水平相等时的利率水平。还可用于对两个替代方案进行盈亏平衡研究，以确定何时可以接受这两个替代方案。当需要对设备更新决策时，盈亏平衡分析可以用于分析决策是否采用自行制造(或购买)。

11.3　敏感性分析

　　敏感性分析又称敏感度分析，它是项目经济决策中一种常用的不确定性分析方法。敏感性分析是通过测定一个或多个不确定性因素的变化所引起的项目经济效益指标的变化幅度，计算项目预期目标受各个不确定性因素变化的影响程度，分析不确定性因素对于项目预期目标的敏感程度，并根据敏感程度大小制定相应的对策，使项目达到预期目标。此外，通过敏感性分析还可以观察使得项目变得可行或不可行的要素的临界值，并以此判断项目的风险程度，因此敏感性分析也包含了盈亏平衡分析的内容。

　　可能对方案经济效果产生影响的不确定性因素有很多，一般有产品销售量、产品售价、主要原材料和劳动力价格、固定资产投资、经营成本、建设工期和生产期等。显然，风险因素最终发生的情况各不相同，项目各期的现金流也会不一样，进而造成项目的一系列评价指标取值不同。

　　其中有的不确定性因素的微小变化就会引起方案经济效果发生很大的变化，对项目经济评价的可靠性产生很大的影响，这些不确定性因素称为敏感因素；反之，称为不敏感因素。

　　与不敏感因素相比，敏感因素的变化会给项目带来的风险更大一些。

　　所以，敏感性分析的核心，是从众多的不确定因素中找出影响投资项目经济效果的敏感因素，并提出有针对性的控制措施，为项目决策服务。

11.3.1　单因素敏感性分析

　　敏感性分析确定当一个或多个因素在选定的取值范围内变化时，会使得经济评价指标(例如投资回收期、净现值、净年值、内部收益率等)如何变化。在敏感性分析中，通常一次改变一个因素的取值，并假定该因素与其他因素相互独立，然后观察经济评价值的变化，进而分析判断项目的风险情况，这就是单因素敏感性分析。具体而言，在对项目已经进行了经济性分析的基础上，进行单因素敏感性分析主要有以下步骤：

　　(1) 选取风险因素及其相应的取值变化范围。一般而言，选择最为重要，通常是选择对项目现金流影响最大的一些风险因素，例如产品销售量、产品售价、主要运营成本等。

　　(2) 根据市场情况，设置风险因素的变化范围。例如，未来日用品的市场需求的变化幅度可能并不会太大，可以设置其在增减 20%范围内变化；而非日用品，如机械设备的需求变化可能会波动幅度较大，可以适当增大其变化范围。

(3) 根据风险因素在一定范围内的变化情况，相应地分析计算项目的现金流变化情况，进而进一步计算项目经济评价指标的变化情况。

(4) 可以将项目评价值随风险因素变化的情况以函数曲线的形式绘制出来，更为直观地观察风险因素是如何影响项目的经济评价指标的。

(5) 最后，可以进一步根据前述分析，总结出项目的风险情况。特别地，可以指出当风险因素在哪些范围内，项目经济上不可行。

例 11-2 一个收费高速公路投资建设项目，高速公路总长为 100 千米；初始投资估算约为 1000 万元/千米；预计经营期为 25 年；预测建成后通车量为 0.5 万辆/天，且年增长率约为 5%；预计收费价格为 0.5 元/千米；经营成本约为 5000 万元/年；项目的基准收益率为 8%。

分析通车量对项目可行性的影响。

解答 显然，上述问题的风险因素为高速公路通车量；而项目的评价指标可以选取内部收益率 IRR。在 Excel 表中建立上述问题的数值分析模型：

(1) 首先建立基于初始通车量的确定性评价模型，可以计算得到相应的内部收益率为 10.1%。

(2) 调整初始通车量(可以上下浮动 20%)，计算相应的内部收益率，并形成表格。

(3) 根据表格计算结果绘制散点图即可。

上述步骤形成的敏感性分析过程及结果见图 11.1、图 11.2。

	初始通车量	投资额（万元）	年收费额	净现金流（扣除运营成本）	IRR
0		100000		-100000.000	12.52%
1	0.7		12600	7600.000	
2			13230	8230.000	
3			13892	8891.500	
4			14586	9586.075	
5			15315	10315.379	
6			16081	11081.148	
7			16885	11885.205	
8			17729	12729.465	
9			18616	13615.939	
10			19547	14546.736	
11			20524	15524.072	
12			21550	16550.276	
13			22628	17627.790	
14			23759	18759.179	
15			24947	19947.138	
16			26194	21194.495	
17			27504	22504.220	
18			28879	23879.431	
19			30323	25323.402	
20			31840	26839.572	
21			33432	28431.551	
22			35103	30103.129	
23			36858	31858.285	
24			38701	33701.199	
25			40636	35636.259	

图 11.1 例 11-2 的单因素敏感性分析过程

初始通车量（万辆/天）	IRR
0.3	1.63%
0.4	5.07%
0.5	7.85%
0.6	10.29%
0.7	12.52%

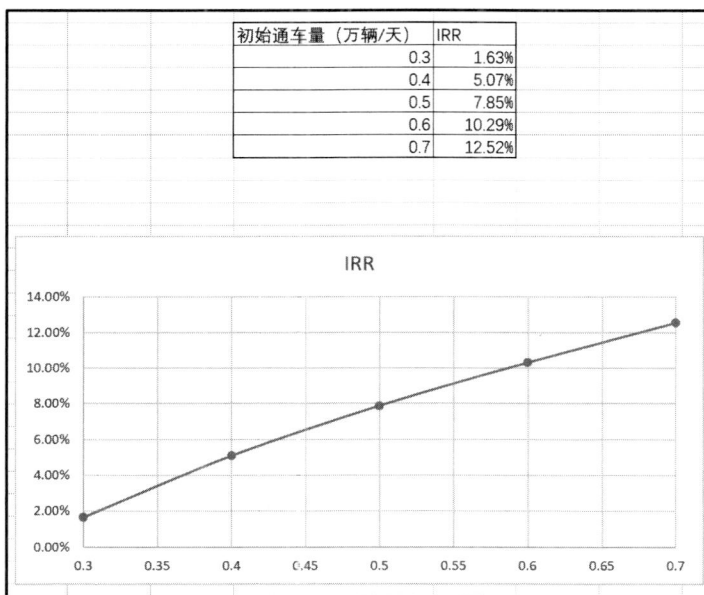

图 11.2　例 11-2 的单因素敏感性分析结果

11.3.2　多因素敏感性分析

显然，影响项目可行性的风险因素不止一个，而且多个风险因素可能会同时变动。更一般的敏感性分析需要分析多个风险因素如何同时影响项目的可行性，这就是多因素敏感性分析。

与单因素敏感性分析相比，多因素敏感性分析的不同点包括以下几个方面：

(1) 需要确定多个主要的风险因素。大部分情况下，选择两个最为主要的风险因素，分析其对项目可行性的影响。

(2) 需要分析两个风险因素同时变化对项目的影响。

(3) 可以通过曲面图或者是多条函数曲线图的形式，表示项目评价值随风险因素变化的情况。一般情况下，为了便于观察，业界大部分不会采用曲面图，而是采用多条函数曲线图的形式来展示敏感性分析的结果。

例 11-3　针对例 11-2 所述的高速公路投资建设项目，试分析通车量、收费价格两个因素对项目可行性的影响。

解答　显然，上述问题的风险因素包含高速公路通车量、收费价格两个因素；项目的评价指标依然可以选取内部收益率 IRR。此时，我们可以按照如下步骤进行敏感性分析：

(1) 在 Excel 表中先建立基于高速公路通车量、收费价格两个因素(这两个因素设置为全局变量)的确定性分析模型；

(2) 之后调整这两个因素，并记录相应的项目内部收益率，形成表格。

初始通车量依旧设置为在 −20%～20% 之间浮动；而收费价格，可以离散地选取三四个数值(例如 0.4 元/千米、0.5 元/千米、0.6 元/千米)。

上述步骤形成的敏感性分析过程及结果见图 11.3。

年	初始通车量	收费价格	投资额（万元）	年收费费额	净现金流（扣除运营成本）	IRR
	0.7	0.6	100000		-10000000	15.41%
0					-10000000	
1				15120	10120.000	
2				15876	10876.000	
3				16670	11669.800	
4				17503	12503.290	
5				18378	13378.455	
6				19297	14297.377	
7				20262	15262.246	
8				21275	16275.358	
9				22339	17339.126	
10				23456	18456.083	
11				24629	19628.887	
12				25860	20860.331	
13				27153	22153.348	
14				28511	23511.015	
15				29937	24936.566	
16				31433	26433.394	
17				33005	28005.064	
18				34655	29655.317	
19				36388	31388.083	
20				38207	33207.487	
21				40118	35117.861	
22				42124	37123.754	
23				44230	39929.942	
24				46441	41441.439	
25				48764	43763.511	

IRR		收费价格（元/公里）		
		0.4	0.5	0.6
初始通车量（万辆/天）	0.3	-1.1%	1.6%	3.8%
	0.4	2.4%	5.1%	7.3%
	0.5	5.1%	7.9%	10.3%
	0.6	7.3%	10.3%	12.9%
	0.7	9.3%	12.5%	15.4%

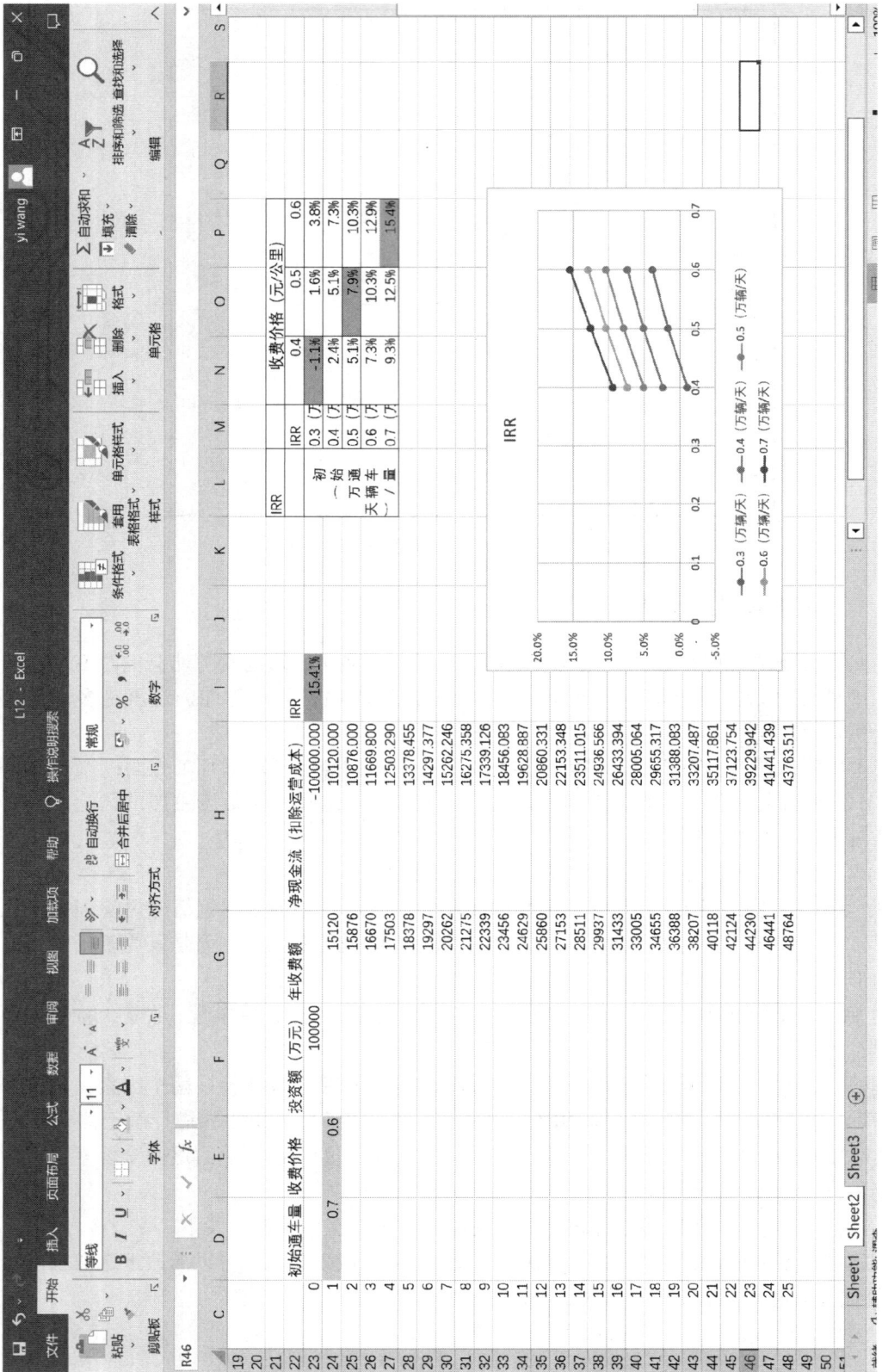

图 11.3　例 11-3 的多因素敏感性分析

11.3.3　三项值分析

当风险因素较多，但需要对项目的风险情况进行简要描述的时候，还可以采用三项值分析的方法。三项值分析方法对重要的风险因素分别估计以下三种预测值：

(1) 悲观预测值；

(2) 最大可能预测值；

(3) 乐观预测值。

之后，分别计算这三种估算情况下的项目评价指标。对于上述高速公路投资项目，选取通车量、收费价格这两个风险因素，给出三种预测值，并分别计算三种情况下的项目评价指标，如表 11.1 所示。

表 11.1　三项值敏感性分析

	收费价格/(元/千米)	初始通车量/(万辆/天)	IRR
悲观情况	0.4	0.3	−1.1%
最大可能情况	0.5	0.5	7.9%
乐观情况	0.6	0.7	15.4%

11.3.4　指标范围(指标上下界)

单一的确定性指标值无法给决策者提供充足的关于项目风险的情况，但是冗长的敏感性分析会给决策者带来过多的干扰信息。很多时候我们需要给出一个简洁的评价结论，简洁地对项目整体情况做出一个评价。通过指标范围，可以平衡分析指标准确度和风险范围。指标范围是指根据风险因素的估计范围，给出项目评价指标的上下界。例如，上述高速公路投资项目可以给出如下评价：通车量在增减 20%范围内波动的情况下，项目内部收益率估算为 5.1%～10.3%。

需要注意的是，不宜将风险因素范围设置得过大，否则给出的评价指标范围也会过大，进而导致评价结论没有意义。

习　　题

1. 某电商公司主营产品为旅行箱，根据 2023 年销售数据进行线性盈亏平衡分析，估算参数如下：

(1) 2023 年产销量为 20 000 个，平均单价 200 元，平均可变成本(单位采购成本等)80 元；

(2) 固定成本(仓库、办公室租金及物业费用、员工薪酬等)约为 80 万元。

计算该电商公司盈亏平衡点的产销量、价格。

2. 某企业准备投资并经营一项资产项目，资产投资额为 10 亿元；资产经营年限为 20

年；预计经营期间，年营业收入为 1.5 亿元，年经营成本为 0.5 亿元，企业的基准收益率为 10% (不考虑银行贷款、所得税等因素影响)。

预计年营业收入可能在 1～2 亿元之间浮动，年经营成本在 0.25～0.75 亿元之间浮动，请分别分析营业收入波动、经营成本波动对该项目的净现值、内部收益率的影响(单因素敏感性分析)。

3. 上述问题中，若营业收入和经营成本同时波动，会对项目内部收益率产生何种影响？请绘制双因素敏感性分析图。

第12章
风险评价——概率分析与风险决策

上一章所讨论的风险评价方法主要分析了当风险因素在一定范围内变化时对项目经济性的影响，这一方法缺乏对风险因素变化可能性大小的考虑。为了更为全面，同时考虑风险因素变化范围及变化可能性对项目的影响，需要从概率角度对项目的风险进行评价。

此外，当对项目的风险因素有了一定的概率判断之后，企业的投资经营决策也可能随时需要调整，因此本章还将进一步讨论风险决策的问题。

12.1 >>>> 概率分析——期望值、方差等指标

通过分析历史数据，可以对项目的风险因素在一定范围内变动的概率进行估算。风险因素最终发生的情况各不相同，项目各期的现金流也会不一样，进而造成项目的一系列评价指标取值不同。通过概率分析，可以计算项目评价指标的期望值、方差、概率分布情况。进一步可以对项目的盈利性、风险情况做出综合判断。

具体而言，如果 x 是某个随机的市场因素，不同的 x 会造成不同的经济效果。我们可以根据随机变量 x 的分布情况，对经济效果进行分析。注意到不同的 x 取值，会使得项目的评价指标值发生变动。若选取评价指标为净现值 NPV，那么可以写作 x 的函数 NPV(x)。进而，根据 x 的分布函数，可以计算净现值的期望值、方差、概率分布情况。若 x 为离散分布，假设概率分布为 Pr(x)；若 x 为连续分布，假设其概率密度函数为 $f(x)$。那么，我们可以计算得到：

离散与连续分布情况下净现值的期望值分别为

$$E[\text{NPV}] = \sum [\text{NPV}(x)\Pr(x)]$$
$$E[\text{NPV}] = \int \text{NPV}(x)f(x)\mathrm{d}x$$

离散与连续分布情况下净现值的方差值分别为

$$\sigma[\text{NPV}] = \sqrt{\sum [\text{NPV}(x) - E[\text{NPV}]]^2 \Pr(x)}$$
$$\sigma[\text{NPV}] = \sqrt{\int [\text{NPV}(x) - E[\text{NPV}]]^2 f(x)\mathrm{d}x}$$

净现值大于等于 0 的概率分别为

$$\Pr(\text{NPV}\geqslant 0) = \sum \Pr(x)\times 1(\text{NPV}(x)\geqslant 0)$$

$$\Pr(\text{NPV}\geqslant 0) = \int \Pr(x)\times 1(\text{NPV}(x)\geqslant 0)f(x)\mathrm{d}x$$

上面公式中，$1(\text{NPV}(x)\geqslant 0)$ 为指示函数，即 NPV$(x)\geqslant 0$ 时函数取值为 1，否则取值为 0。简言之，要求净现值大于等于 0 的概率，把所有可能导致项目可行的情况的概率相加即可。

例 12-1　生产某产品的初始投资为 50 万元，预期每年净收益 15 万元；该产品市场寿命具有较大的不确定性，预计市场寿命数值满足均匀分布 {6, 7, 8, 9, 10}。

如果给定的基准折现率为 10%，不考虑期末资产残值，试分析：

① 项目净现值的期望值；

② 项目净现值的标准差；

③ 项目净现值的离散系数；

④ 项目可行的概率。

解答　注意市场寿命 N 为随机变量，且为均匀离散分布。给定 N 的值，项目净现值为

$$\text{NPV} = -50 + 15\times (P/A, 10\%, N)$$

由于 $\Pr(N=6) = \Pr(N=7) = \cdots = \Pr(N=10) = 0.2$，运用前述公式，可以计算出净现值期望值为

$$E[\text{NPV}] = \sum_{N=6}^{10}[-50+15\times (P/A, 10\%, N)]\times 0.2$$

或运用 Excel 表格，可以计算一系列其他的概率分析指标，如图 12.1 所示。

产品销售寿命	6	7	8	9	10
Pr	0.20	0.20	0.20	0.20	0.20
NPV	-6.45	-1.32	3.35	7.59	11.45
E[NPV]	2.92				
(NPV-ENPV)^2	87.83	17.98	0.18	21.77	72.61
Delta(NPV)	6.33				
C	2.164703				
Pr(NPV>0)	0.60				

图 12.1　概率分析

12.2　蒙特卡洛分析

很多时候，当影响项目的风险因素过多时，通过计算项目经济评价指标的期望值、方差、概率分布情况对项目进行分析会极其困难。此时，可以借助蒙特卡洛分析(又可以称为仿真法)的方法，对项目经济评价指标的期望值、方差、概率分布情况做出估算。

例 12-2　预计某项目初始投资 30 万元，项目寿命期为 10 年。寿命期内，各年需求都可能出现高、中、低三种情况，概率分别为 0.25、0.5、0.25。三种需求下年净现金流为 10 万、5 万、-2 万。各年需求分布相互独立。折现率＝10%。试分析该项目的期望净现值。

上述问题中，影响投资效果的市场因素是各年的需求，但是 10 年内的各年需求可能各不相同，这意味着事实上的随机变量有 10 个。这样的情况下，要计算相应的期望值就会非常困难。针对这样的问题，可以通过蒙特卡洛仿真的方法估算概率指标。

蒙特卡洛仿真通过仿真实验的方式，借助计算机的计算能力，模拟项目实施千万次，每次实施都根据风险因素的概率分布生成随机值，最后通过整理超高次数的模拟统计结果，来估算概率指标。具体而言，采用蒙特卡洛仿真对工程项目的概率指标进行计算包含下列步骤：

(1) 选取项目的评价指标(如净现值、内部收益率等)。

(2) 确定项目的主要风险因素，如销售需求、销售价格、经营成本等，并确定风险因素的概率分布。

(3) 通过计算机生成随机数，并通过随机数计算项目的一组风险因素抽样值。

(4) 将风险因素的抽样值组成一组项目评价基础数据，并计算评价指标值。

(5) 重复步骤(3)、步骤(4)，直至达到预定的模拟次数。

(6) 整理模拟结果：

① 运用均值来估计评价指标的期望值；

② 运用统计方差、标准差估计评价指标的方差、标准差；

③ 运用"方案不可行的比例"来估计项目的不可行概率；

④ 用频次图模拟累计概率图。

解答　我们可以借助 Excel 表进行这样的仿真计算。上述过程步骤(3)中，Excel 表格可以用 rand()函数产生[0,1]之间均匀分布的随机数，并在此基础上进一步计算风险因素抽样值。考虑前述例子，要将[0,1]之间均匀分布的随机数转换为离散分布随机数，可以用转轮盘的思路，根据随机数产生现金流。例如，要生成离散分布的随机数{10 万、5 万、−2 万}，概率分布分别为 0.25、0.5、0.25。可以根据生成的随机数做下列逻辑计算：

① 如果随机数小于 0.25，那么输出 10 万；

② 如果随机数在 0.25～0.75 之间，那么输出 5 万；

③ 如果随机数超过 0.75，那么输出−2 万。

如果我们在单元格 C4 中输入 "= rand()"，并在 O4 单元格中输入下述逻辑计算公式：

$$= \mathrm{IF}(C4 < 0.25, 10, \mathrm{IF}(C4 < 0.75, 5, -2))$$

即可以得到前述的三点离散分布随机数(见图 12.2)。

另外，注意到例子中项目寿命期为 10 年，因此一组实验需要产生 10 组随机数。通过自动填充功能，就可以很快地实现步骤(3)。

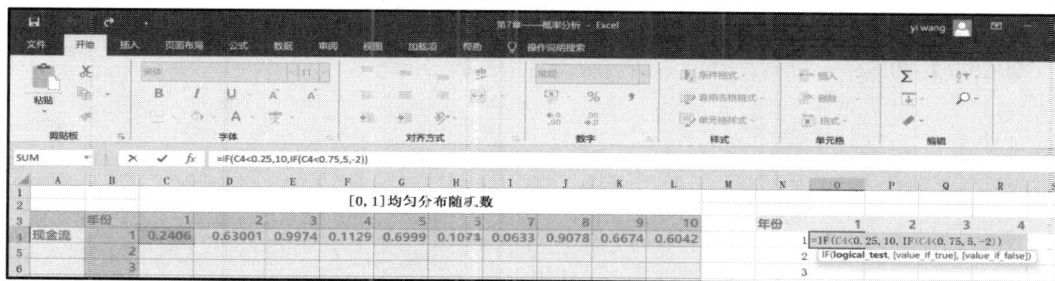

图 12.2　蒙特卡洛分析(1)

产生一组数据之后，可以运用前面章节学过的 Excel 中的 NPV、IRR 函数快速计算项目评价指标[步骤(4)]，如图 12.3 所示。

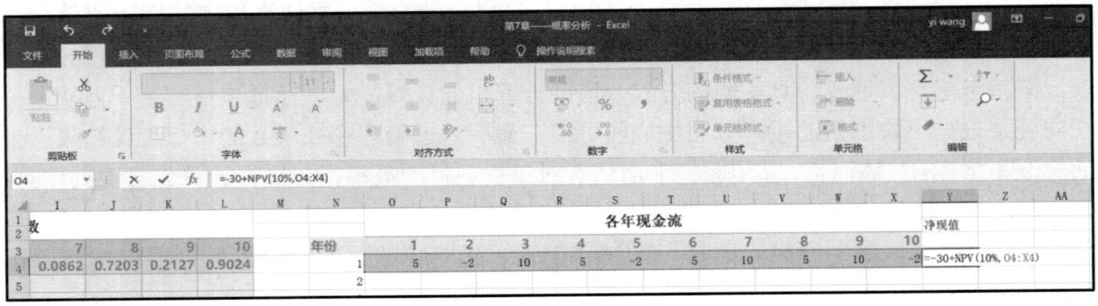

图 12.3 蒙特卡洛分析(2)

进一步地，再次运用自动填充功能，可以产生千万次的实验数据与计算结果[步骤(5)]，如图 12.4 所示。

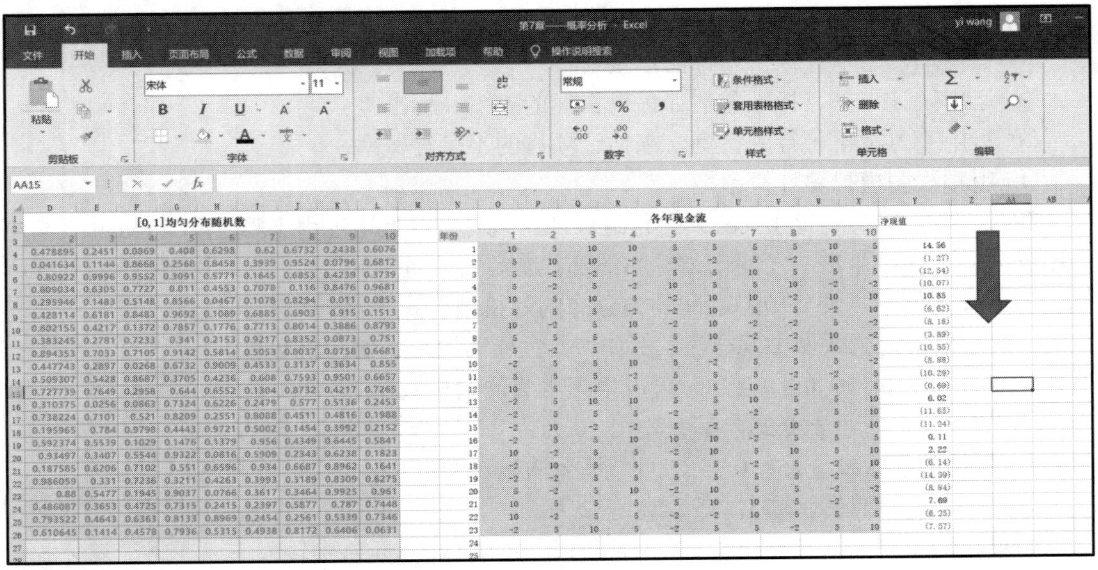

图 12.4 蒙特卡洛分析(3)

最终，我们可以借助 Excel 表中的 Average 函数，计算千万次实验评价指标的均值，这可以作为项目评价指标期望值的估计值[步骤(6)]。借助 Excel 其他函数、工具，我们还可以进一步计算项目指标值的方差、项目指标值符合要求的概率(可用项目可行的比例估计)。例如，若 2000 次实验中有 300 次实验项目净现值为负值，则可以估算项目可行的概率为 $1 - 300/2000 = 0.85$。

12.3 概率决策

有些工程项目的投资、运营决策需要考虑一系列的风险因素。当风险因素的概率可估算时，可以把概率分析与决策相结合，即概率决策。

12.3.1 基于期望值的决策方式

当风险因素的概率可估算时，可以进一步计算不同决策下的期望收益值，并以此作为决策的依据。

例 12-3 一个企业需要决定是新建一个小产能、中产能还是大产能的生产线，并生产羽绒服以应对某地本年冬季市场需求。咨询顾问的报告显示本地本年冬天较冷的概率为 0.3，天气较暖和的概率为 0.7。

投资方面，建设小产能的生产线可生产羽绒服 1 万件，投资及生产总成本需要 50 万元；建设中产能的生产线可生产羽绒服 2 万件，投资及生产总成本需要 100 万元；建设大产能的生产线可生产羽绒服 5 万件，投资及生产总成本约为 300 万元。

市场销售方面，如果天气较冷，预计库存充足的条件下在本地可售出羽绒服 2 万件(需求 2 万件)；如果天气较暖，预计库存充足的条件下在本地可售出羽绒服 0.5 万件(需求 0.5 万件)。

预计羽绒服市场销售价格为 200 元/件；未售出的羽绒服可以以 100 元/件的打折价进行处理。试分析企业应该如何投资生产线？

提示：如果产量大于需求量，则有

利润 = 需求 × 销售价格 + (产量 − 需求) × 打折价 − 生产成本

如果产量小于需求量，则有

利润 = 产量 × 销售价格 − 生产成本

解答 这一决策问题有三个方案(投资建设大、中、小产能的生产线)可供选择，而一旦做出决策，有两种可能的情境(天气较冷、天气较暖)。根据提示，结合情境概率及期望收益的计算公式，可以建立期望值决策矩阵如图 12.5 所示。

方案	投资（万）	产量（万件）	情境	天气较冷	天气较暖	期望收益
			需求（万）	2	0.5	
			概率	0.3	0.7	
小产能	50	1		150	100	115
中产能	100	2		300	150	195
大产能	300	5		400	250	295

图 12.5 期望值决策矩阵

根据期望决策矩阵计算结果，可知投资建设大产能的生产线期望收益是最高的。因此最佳决策应该为建立大产能生产线。

12.3.2 决策树

对于一些复杂的、多阶段的决策问题，往往难以直接计算出不同决策的期望收益。在这种情况下，可以通过绘制决策树，分阶段地计算决策期望收益，并分析最优决策。决策树通过树的形式，表示一个决策问题的全部要素以及决策的先后逻辑顺序。决策树包含以下 5 个要素：

① 决策节点(后续连接决策枝)，一般用方形节点"□"表示；

② 事件节点(后续连接事件枝)，一般用圆形节点"○"表示；

③ 决策枝(标注具体决策)，一般用箭线"→"表示；

④ 事件枝(标注事件及其发生概率)，一般用箭线"→"表示；

⑤ 损益值(根节点)，表明数值、单位。

通过决策树来分析决策问题，一般包含两个步骤：绘制决策树、分析决策树。

(1) 绘制决策树，即按照决策问题的逻辑顺序，从左至右用决策树将决策问题表示出来：

① 绘制决策树时，用决策节点表示决策者的决策点(此时，决策问题往哪里走由决策者决定)，并在决策节点后面的决策枝上标明具体的决策；

② 用事件节点表示随机事件的分支点(此时，决策问题的走向为随机事件)，并在事件节点后面的事件枝上标明具体事件以及概率；

③ 在决策树的最后根节点上，标明相应的损益值。

当绘制完成时，可以进一步分析决策树，以确定该问题的最优决策。

(2) 分析决策树：

① 需要用递归的思路，采用逆推的方式，从右往左地对决策树进行计算和分析；

② 需要对决策、事件节点都计算相应的损益值，并在此基础上，确定决策节点后续决策枝的选择；

③ 决策节点的损益值为其后续各个决策枝连接节点损益值的最优值(选取最小损失值或最大收益值)；

④ 事件节点的损益值为其后续各个事件枝连接节点损益值的期望值；

⑤ 在决策节点后续的决策枝中选择最佳决策枝，并将其他的决策枝用双线划除。

例 12-4　某企业决策者先后考察了三个潜在的投资项目。

目前收到其中一个项目(A 项目)的投资许可，并需要即刻决定是否进行投资。如果决定投资第一个项目，他将无法再考察其他两个项目。预计投资第一个项目的投资净现值为 500 万元。如果拒绝该投资项目，他可以等待后两个潜在投资项目意向说明。

预计第二个潜在投资项目(B 项目)会邀请他参与投资的概率为 80%，第二个项目的净现值预计为 600 万元。同样，如果他接受第二个项目的投资邀请，也无法再投资后面的其他项目。

对于第三个潜在项目(C 项目)，预计该项目邀请他参与的概率为 50%，第三个项目的净现值预计为 1000 万元。

如果最后他没有投资上述三个项目，还可以选择投资国债，预计净现值为 100 万元。

所有的投资项目投资年限相同。请运用决策树工具绘制该决策问题的决策树，并帮助他进行决策。

解答　根据决策以及事件发生顺序，可以从左至右绘制该问题的决策树，如图 12.6 所示。

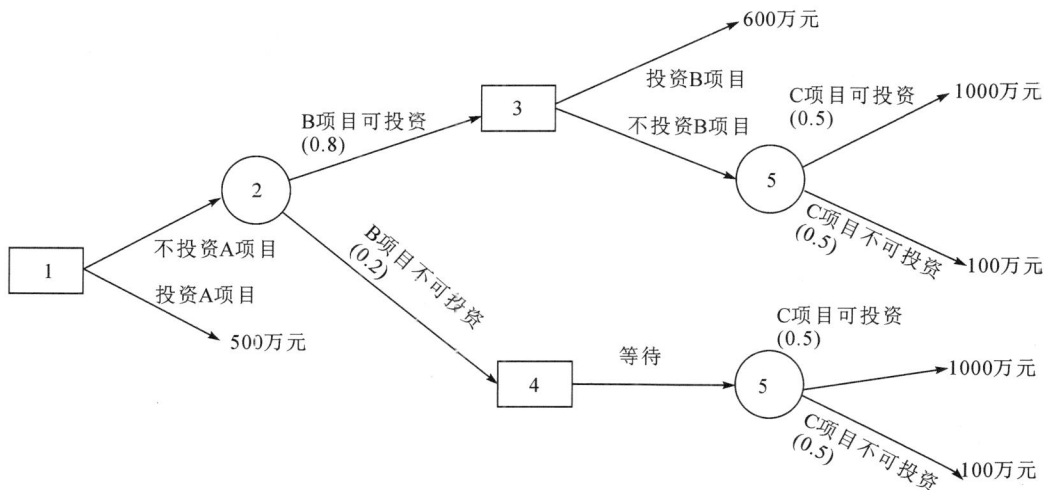

图 12.6　决策树绘制

进一步根据子节点的收益值、事件枝的概率值，计算各个节点(包括)的期望收益值，可以得到该决策问题的分析结果如图 12.7 所示。

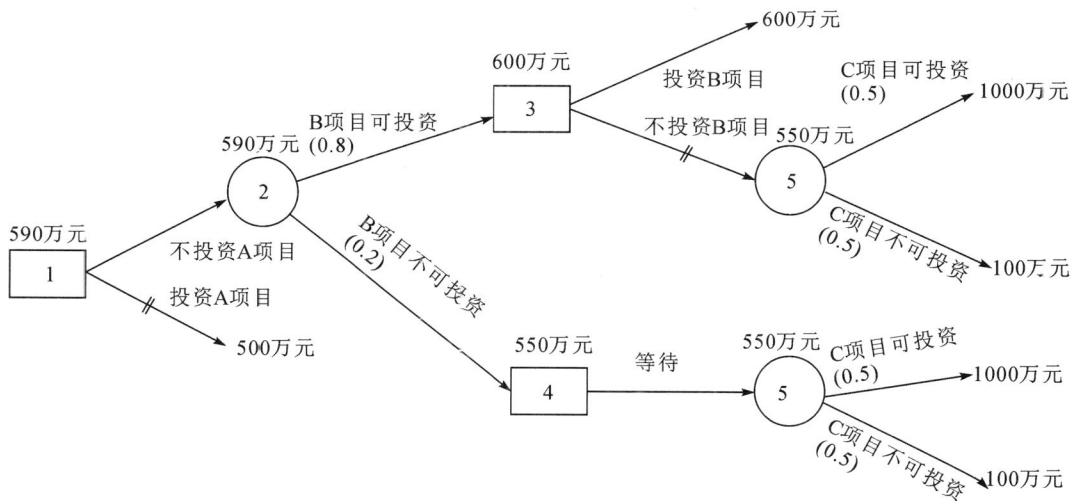

图 12.7　决策树分析

可知，该决策问题的最优决策应为：

① 不投资 A 项目，若 B 项目可投资，则投资 B 项目；

② 若 B 项目不可投资，优先投资 C 项目；

③ 若 C 项目不可投资，则选择投资国债。

习　　题

1. 某企业生产某产品的初始投资为 600 万元，预计市场寿命为 10 年。根据调查，该产品投入市场后可能出现 3 种情况：销路好、销路一般、销路差。三种情况下，每年可获得的净收益分别为 150 万元、100 万元、50 万元。据调查，三种情况出现的概率分别为 0.25、0.5、0.25。基准收益率为 10%，不考虑期末资产残值，试分析：

(1) 项目净现值的期望值；

(2) 项目净现值的标准差；

(3) 项目净现值的离散系数；

(4) 项目可行的概率。

2. 若上述问题中，每年的市场需求情况各不相同，即各年市场需求相互独立，试运用蒙特卡洛法，分析该项目的期望净现值、项目可行的概率。

3. 一个企业需要决定新建立一个小产能还是大产能的工厂。咨询顾问的报告显示建厂后市场需求较低的概率为 0.2，市场需求较高的概率为 0.8。如果企业建立了小产能的工厂而之后市场需求较低，企业的净收益为 4200 万美元。如果市场需求较高，企业可以按照小产能进行生产，实现净收益 4200 万美元，也可以再扩大产能实现净收益 4800 万美元。如果企业建立大产能的工厂，而之后需求较低时，企业净收益为 -2000 万美元，而如果之后需求较高时，企业可以实现净收益 6000 万美元。请运用决策树方法，分析企业的最佳决策。

第 13 章
案 例 研 究

某投资建设企业有意向投资一个收费高速公路项目，项目预计投资 50 亿元人民币。具体的成本估算包含两部分：建设成本、土地购置成本，见表 13.1。

表 13.1　项目投资成本构成估算表

投资成本构成	计算式	小计/亿元
建设成本	100 km × 0.2 亿元/km	20
土地购置成本	100 km × 0.3 亿元/km	30
合计		50

根据 PPP 合同，预计收费高速公路收费年限为 20 年，之后转交政府经营，可按资产初值的 5%回收残值。另外，由于高速公路建设时间相比于经营时间可以忽略不计，故假设建设时间为 0。

对收费高速公路的未来收入以及经营成本进行估算。首先根据未来的交通流量、收费价格预测，估算营业收入；进而根据高速公路的维护成本、员工薪酬，可以估算各年营运成本。具体见表 13.2。

表 13.2　项目投资营收与成本估算表

年　份	1	2	3	…	30
营业收入/亿元	5.6	8	8	…	8
营运成本/亿元	1.5	2	2	…	2

预计 50 亿元的总投资包含两部分：50%的自有资金、50%的长期贷款。贷款年利率为 8%。此外，长期贷款的还款方式为分期等额还款，每个经营年年末还款，20 年还清。

13.1 ▶▶▶ 贷款利息估算

一般情况下，项目贷款的利率、还款时间等信息会在贷款合同中清晰地说明。对于项目的计划贷款，可进行一般的估算。根据上述高速公路项目的贷款年利率、还款方式，首先计算等额还款的年还款额：25 亿元现值转化为 30 年内的等额年值。可以运用 Excel 表的 PMT 函数，计算得到结果为 222.07(百万元)。进一步运用 10.1.3 小节的公式，进行迭代计算：

$$每期利息支付额 = 当期期初欠款 × 利率$$
$$当期期初欠款 = 前一期期末欠款$$
$$当期期末欠款 = 当期期初欠款 - 当期本金偿还额$$
$$当期本金偿还额 + 当期利息支付额 = 当期本息支付额$$

在 Excel 表格中进行迭代计算，可得各年利息额(见图 13.1)。

		年份	1	2	3	4	5	6	7	8	9	10	11	12	13	14	15
利息估算																	
贷款总额	2500																
每年还款	¥222.07																
初始欠款		2500	¥2,477.93	¥2,454.10	¥2,428.36	¥2,400.56	¥2,370.53	¥2,338.11	¥2,303.09	¥2,265.26	¥2,224.42	¥2,180.30	¥2,132.66	¥2,081.20	¥2,025.63	¥1,965.61
当年还款		¥222.07	¥222.07	¥222.07	¥222.07	¥222.07	¥222.07	¥222.07	¥222.07	¥222.07	¥222.07	¥222.07	¥222.07	¥222.07	¥222.07	¥222.07
当年支付利息		200	198.2345	196.3278	194.2685	192.0445	189.6426	187.0485	184.2469	181.2212	177.9534	174.4242	170.6126	166.4961	162.0503	157.2489
当年支付本金		¥22.07	¥23.83	¥25.74	¥27.80	¥30.02	¥32.43	¥35.02	¥37.82	¥40.85	¥44.12	¥47.64	¥51.46	¥55.57	¥60.02	¥64.82
期末欠款		¥2,477.93	¥2,454.10	¥2,428.36	¥2,400.56	¥2,370.53	¥2,338.11	¥2,303.09	¥2,265.26	¥2,224.42	¥2,180.30	¥2,132.66	¥2,081.20	¥2,025.63	¥1,965.61	¥1,900.79

图 13.1　项目还本付息估算表

13.2 >>> 各年折旧成本估算

上述高速公路项目资产的价值为其总的成本，即 50 亿元。根据估算，项目的处置残值为其资产的 5%，即为 2.5 亿元。项目采用直线折旧法，可以根据 10.1.4 小节所学知识计算各年折旧成本为(5000 − 5% × 5000)/30 = 158(百万元/年)。进而可得各年的资产净值、折旧成本估算(见图 13.2)。

		年份	1	2	3	4	5	6	7	8	9	10	11	12	13	14	15
折旧成本估算																	
残值	250																
净值		5000	4842	4683	4525	4367	4208	4050	3892	3733	3575	3417	3258	3100	2942	2783
折旧成本		158	158	158	158	158	158	158	158	158	158	158	158	158	158	158

图 13.2　项目资产净值、折旧成本估算表

13.3 >>> 各年损益预测表编制

基于上述利息成本、折旧成本的估算结果，结合对项目营业收入、经营成本的估算，我们可以开始编制项目的损益预测表，进而计算项目各年的税前利润、所得税、税后利润。计算公式如下：

$$税前利润 = 营业收入 - 营业成本 - 利息支付 - 折旧成本$$

可以得到如下损益预测表(见图 13.3)。

34 损益估算表															
35 年份	1	2	3	4	5	6	7	8	9	10	11	12	13	14	15
36 1 营业收入	560	800	800	800	800	800	800	800	800	800	800	800	800	800	800
37 2 经营成本	150	200	200	200	200	200	200	200	200	200	200	200	200	200	200
38 3 折旧成本	158.3333333	158.3333	158.3333	158.3333	158.3333	158.3333	158.3333	158.3333	158.3333	158.3333	158.3333	158.3333	158.3333	158.3333	158.3333
39 4 利息支付	200	198.2345	196.3278	194.2685	192.0445	189.6426	187.0485	184.2469	181.2212	177.9534	174.4242	170.6126	166.4961	162.0503	157.2489
40 5 税前利润	51.66666667	243.4322	245.3389	247.3981	249.6221	252.0241	254.6182	257.4198	260.4455	263.7133	267.2425	271.0541	275.1705	279.6163	284.4178
41 6 所得税 (25%)	12.91666667	60.85804	61.33472	61.84954	62.40554	63.00602	63.65494	64.35494	65.11137	65.92832	66.81062	67.76351	68.79263	69.90408	71.10445
42 7 税后利润	38.75	182.5741	184.0042	185.5486	187.2166	189.0181	190.9636	193.0648	195.3341	197.785	200.4319	203.2905	206.3779	209.7122	213.3133

图 13.3　项目损益预测表

13.4　各年现金流量预测表编制

基于损益预测表,以及前述对项目投资的估算,现在我们可以开始编制项目的现金流量预测表。项目的现金流量表包含两类:总投资的现金流量表、自有资金的现金流量表。编制现金流量表的时候,需要注意以下几点:

(1) 现金流可以分为现金流出与现金流入;

(2) 折旧成本表示的是资产价值的减少,并不体现为现金流出;

(3) 利润为账面利润,是计算的结果,也不代表具体的现金流;

(4) 总投资的现金流量表不包含各年还款、利息支付等;

(5) 自有资金的现金流量表则包含各年还款、利息支付等。

前述高速公路项目的总投资的现金流量表如图 13.4 所示。

44 项目总投资的现金流量表															
45 年份	0	1	2	3	4	5	6	7	8	9	10	11	12	13	14
47 现金流入															
48 营业收入		560	800	800	800	800	800	800	800	800	800	800	800	800	800
49 残值回收															
51 现金流出															
52 建设成本	2000														
53 土地购置成本	3000														
54 经营成本		150	200	200	200	200	200	200	200	200	200	200	200	200	200
55 所得税		12.91667	60.85804	61.33472	61.84954	62.40554	63.00602	63.65494	64.35494	65.11137	65.92832	66.81062	67.76351	68.79263	69.90404
57 NCF	-5000	397.0833	539.142	538.6653	538.1505	537.5945	536.994	536.3455	535.6451	534.8886	534.0717	533.1894	532.2365	531.2074	530.0959
58 IRR	9.779%														
59 NPV	-93.37965058														

图 13.4　总投资的现金流量表

前述高速公路项目的自有资金的现金流量表如图 13.5 所示。

50 自有资金的现金流量表															
51 年份	0	1	2	3	4	5	6	7	8	9	10	11	12	13	14
52 现金流入															
53 营业收入		560	800	800	800	800	800	800	800	800	800	800	800	800	800
54 残值回收															
56 现金流出															
57 投资 (扣除资金出资额)	2500														
58 经营成本		150	200	200	200	200	200	200	200	200	200	200	200	200	200
69 利息支付		200	198.2345	196.3278	194.2685	192.0445	189.6426	187.0485	184.2469	181.2212	177.9534	174.4242	170.6126	166.4961	162.0503
70 本金偿还		22.06858	23.83407	25.7408	30.02406	32.42599	35.02007	37.82167	40.84741	44.1152	47.64442	51.45597	55.57245	60.01824	
71 所得税		0.416667	48.29662	48.71457	49.17431	49.68003	50.23632	50.84824	51.52135	52.26177	53.07623	53.97214	54.95764	56.04169	57.23415
73 NCF	-2500	187.5147	329.3348	329.2168	328.7571	328.2514	327.6951	327.0832	326.4101	325.6696	324.8552	323.9593	322.9738	321.8897	320.6973
74 IRR	11.651%														
75 NPV	427.9967997														

图 13.5　自有资金的现金流量表

13.5 盈利分析

基于项目总投资的现金流量表、自有资金的现金流量表，我们可以评估项目的财务盈利性：计算项目总投资的动态投资回收期、财务净现值、财务内部收益率，以及自有投资的动态投资回收期、财务净现值、财务内部收益率(在考虑贷款、所得税相关现金流的时候，我们称相应的指标为财务净现值 FNPV、财务内部收益率 FIRR)。

前述高速公路投资项目中，运用 Excel 中的 NPV()、IRR()函数，直接计算财务净现值 FNPV 与财务内部收益率 FIRR，结果如下：

(1) 项目总投资的财务净现值为 −93.4(百万元)，财务内部收益率为 9.8%；

(2) 项目自有资金的财务净现值为 428(百万元)，财务内部收益率为 12%。

13.6 敏感性分析

首先确定投资收费高速公路的主要风险因素为营业收入、营业成本，并在上下浮动 30% 的基础上分析营收、成本变动对项目可行性的影响。

之后，确定评价指标，采用自有资金财务净现值作为敏感性分析的评价指标。

采用双因素敏感性分析的思路(见 11.3 节)，同时调整营业收入、营业成本，并计算、记录相应的自有资金财务净现值(可以通过 Excel 中的引用功能一定程度简化计算，佢敏感性分析还是需要烦琐的计算和操作)。基于计算结果，可以编制敏感性分析表格，如图 13.6 所示。

		营业收入						
		-30%	-20%	-10%	0%	10%	20%	30%
经营成本	-30%	(1217.03)	(484.69)	247.64	979.98	1712.31	2444.65	3176.98
	-15%	(1493.02)	(760.68)	(28.35)	703.99	1436.32	2168.66	2900.99
	0%	(1769.01)	(1036.67)	(304.34)	428.00	1160.33	1892.67	2625.00
	15%	(2045.00)	(1312.66)	(580.33)	152.01	884.34	1616.68	2349.01
	30%	(2320.99)	(1588.65)	(856.32)	(123.98)	608.35	1340.69	2073.02

图 13.6　敏感性分析表格

基于敏感性分析表格，在 Excel 表格中插入散点图，并做适当调整，可得敏感性分析图，如图 13.7 所示。

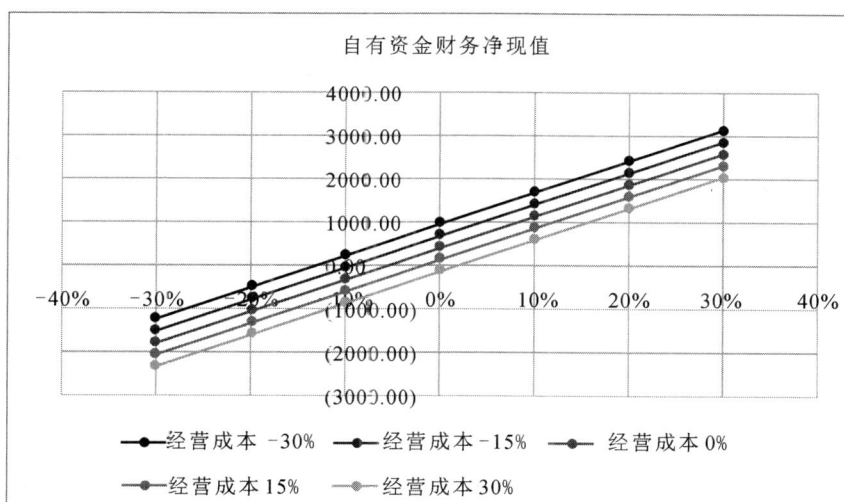

自有资金财务净现值

图 13.7　敏感性分析图

根据关键阈值，描述项目的风险。根据对敏感性分析图的观察，可以得到下述结论：

(1) 当经营成本提升 30%时，营业收入增加约 2%，对投资者而言，项目不可行；

(2) 当经营成本提升 15%时，营业收入降低约 3%，对投资者而言，项目不可行；

(3) 当经营成本不变时，营业收入降低约 6%，对投资者而言，项目不可行；

(4) 当经营成本降低 15%时，营业收入降低约 10%，对投资者而言，项目不可行；

(5) 当经营成本降低 30%时，营业收入降低约 13%，对投资者而言，项目不可行。

综上所述，我们可以做出如下判断：

该项目虽然本身盈利性并不高(项目内部收益率为 9.8%)，但是从投资者角度而言，借助贷款，项目具有一定的盈利性(投资者财务内部收益率为 12%)；然而，项目存在一定的风险，当营业收入稍微降低，或经营成本提升时，项目将无法达到投资要求。

附录 A　本书相关 Excel 函数

A.1　工程经济学相关 Excel 函数

PV：现值计算函数。

FV：终值计算函数。

PMT：年值计算函数。

NPER：投资回收期计算函数。

NPV：计算一系列现金流的净现值的函数。

IRR：项目内部收益率计算函数。

DDB：单期折旧成本计算函数(双倍余额递减法)。

VDB：多期折旧成本计算函数(双倍余额递减法)。

A.2　基础 Excel 函数

SUM(range)：求 range 范围内单元格数值之和的函数。

MAX(range)、MIN(range)：求 range 范围内单元格最大值、最小值的函数。

RAND()：随机数生成函数，[0,1]之间均匀分布的随机数。

IF(logic,val_true,val_false)：逻辑计算函数,若 logic 为真，返回 val_true；否则返回 val_false。

SUMPRODUCT(range1,range2)：用于计算两个数组或矩阵的内积的函数。

INDEX(range,i,j)：用于返回表格 range 的第 i 行、第 j 列单元格数值。

附录 B　复利系数表

	利率 1%					
期数	一次性支付相关系数		多期分付相关系数			
	(F/P,i,n)	(P/F,i,n)	(A/P,i,n)	(P/A,i,n)	(A/F,i,n)	(F/A,i,n)
1	1.0100	0.9901	1.0100	0.9901	1.0000	1.0000
2	1.0201	0.9803	0.5075	1.9704	0.4975	2.0100
3	1.0303	0.9706	0.3400	2.9410	0.3300	3.0301
4	1.0406	0.9610	0.2563	3.9020	0.2463	4.0604
5	1.0510	0.9515	0.2060	4.8534	0.1960	5.1010
6	1.0615	0.9420	0.1725	5.7955	0.1625	6.1520
7	1.0721	0.9327	0.1486	6.7282	0.1386	7.2135
8	1.0829	0.9235	0.1307	7.6517	0.1207	8.2857
9	1.0937	0.9143	0.1167	8.5660	0.1067	9.3685
10	1.1046	0.9053	0.1056	9.4713	0.0956	10.4622
11	1.1157	0.8963	0.0965	10.3676	0.0865	11.5668
12	1.1268	0.8874	0.0888	11.2551	0.0788	12.6825
13	1.1381	0.8787	0.0824	12.1337	0.0724	13.8093
14	1.1495	0.8700	0.0769	13.0037	0.0669	14.9474
15	1.1610	0.8613	0.0721	13.8651	0.0621	16.0969
16	1.1726	0.8528	0.0679	14.7179	0.0579	17.2579
17	1.1843	0.8444	0.0643	15.5623	0.0543	18.4304
18	1.1961	0.8360	0.0610	16.3983	0.0510	19.6147
19	1.2081	0.8277	0.0581	17.2260	0.0481	20.8109
20	1.2202	0.8195	0.0554	18.0456	0.0454	22.0190
21	1.2324	0.8114	0.0530	18.8570	0.0430	23.2392
22	1.2447	0.8034	0.0509	19.6604	0.0409	24.4716
23	1.2572	0.7954	0.0489	20.4558	0.0389	25.7163
24	1.2697	0.7876	0.0471	21.2434	0.0371	26.9735
25	1.2824	0.7798	0.0454	22.0232	0.0354	28.2432
26	1.2953	0.7720	0.0439	22.7952	0.0339	29.5256
27	1.3082	0.7644	0.0424	23.5596	0.0324	30.8209
28	1.3213	0.7568	0.0411	24.3164	0.0311	32.1291
29	1.3345	0.7493	0.0399	25.0658	0.0299	33.4504
30	1.3478	0.7419	0.0387	25.8077	0.0287	34.7849
50	1.6446	0.6080	0.0255	39.1961	0.0155	64.4632
100	2.7048	0.3697	0.0159	63.0289	0.0059	170.4814

期数	一次性支付相关系数		多期分付相关系数			
	$(F/P,i,n)$	$(P/F,i,n)$	$(A/P,i,n)$	$(P/A,i,n)$	$(A/F,i,n)$	$(F/A,i,n)$
1	1.0200	0.9804	1.0200	0.9804	1.0000	1.0000
2	1.0404	0.9612	0.5150	1.9416	0.4950	2.0200
3	1.0612	0.9423	0.3468	2.8839	0.3268	3.0604
4	1.0824	0.9238	0.2626	3.8077	0.2426	4.1216
5	1.1041	0.9057	0.2122	4.7135	0.1922	5.2040
6	1.1262	0.8880	0.1785	5.6014	0.1585	6.3081
7	1.1487	0.8706	0.1545	6.4720	0.1345	7.4343
8	1.1717	0.8535	0.1365	7.3255	0.1165	8.5830
9	1.1951	0.8368	0.1225	8.1622	0.1025	9.7546
10	1.2190	0.8203	0.1113	8.9826	0.0913	10.9497
11	1.2434	0.8043	0.1022	9.7868	0.0822	12.1687
12	1.2682	0.7885	0.0946	10.5753	0.0746	13.4121
13	1.2936	0.7730	0.0881	11.3484	0.0681	14.6803
14	1.3195	0.7579	0.0826	12.1062	0.0626	15.9739
15	1.3459	0.7430	0.0778	12.8493	0.0578	17.2934
16	1.3728	0.7284	0.0737	13.5777	0.0537	18.6393
17	1.4002	0.7142	0.0700	14.2919	0.0500	20.0121
18	1.4282	0.7002	0.0667	14.9920	0.0467	21.4123
19	1.4568	0.6864	0.0638	15.6785	0.0438	22.8406
20	1.4859	0.6730	0.0612	16.3514	0.0412	24.2974
21	1.5157	0.6598	0.0588	17.0112	0.0388	25.7833
22	1.5460	0.6468	0.0566	17.6580	0.0366	27.2990
23	1.5769	0.6342	0.0547	18.2922	0.0347	28.8450
24	1.6084	0.6217	0.0529	18.9139	0.0329	30.4219
25	1.6406	0.6095	0.0512	19.5235	0.0312	32.0303
26	1.6734	0.5976	0.0497	20.1210	0.0297	33.6709
27	1.7069	0.5859	0.0483	20.7069	0.0283	35.3443
28	1.7410	0.5744	0.0470	21.2813	0.0270	37.0512
29	1.7758	0.5631	0.0458	21.8444	0.0258	38.7922
30	1.8114	0.5521	0.0446	22.3965	0.0246	40.5681
50	2.6916	0.3715	0.0318	31.4236	0.0118	84.5794
100	7.2446	0.1380	0.0232	43.0984	0.0032	312.2323

利率 2%

续表二

	利率 3%					
期数	一次性支付相关系数		多期分付相关系数			
	$(F/P,i,n)$	$(P/F,i,n)$	$(A/P,i,n)$	$(P/A,i,n)$	$(A/F,i,n)$	$(F/A,i,n)$
1	1.0300	0.9709	1.0300	0.9709	1.0000	1.0000
2	1.0609	0.9426	0.5226	1.9135	0.4926	2.0300
3	1.0927	0.9151	0.3535	2.8286	0.3235	3.0909
4	1.1255	0.8885	0.2690	3.7171	0.2390	4.1836
5	1.1593	0.8626	0.2184	4.5797	0.1884	5.3091
6	1.1941	0.8375	0.1846	5.4172	0.1546	6.4684
7	1.2299	0.8131	0.1605	6.2303	0.1305	7.6625
8	1.2668	0.7894	0.1425	7.0197	0.1125	8.8923
9	1.3048	0.7664	0.1284	7.7861	0.0984	10.1591
10	1.3439	0.7441	0.1172	8.5302	0.0872	11.4639
11	1.3842	0.7224	0.1081	9.2526	0.0781	12.8078
12	1.4258	0.7014	0.1005	9.9540	0.0705	14.1920
13	1.4685	0.6810	0.0940	10.6350	0.0640	15.6178
14	1.5126	0.6611	0.0885	11.2961	0.0585	17.0863
15	1.5580	0.6419	0.0838	11.9379	0.0538	18.5989
16	1.6047	0.6232	0.0796	12.5611	0.0496	20.1569
17	1.6528	0.6050	0.0760	13.1661	0.0460	21.7616
18	1.7024	0.5874	0.0727	13.7535	0.0427	23.4144
19	1.7535	0.5703	0.0698	14.3238	0.0398	25.1169
20	1.8061	0.5537	0.0672	14.8775	0.0372	26.8704
21	1.8603	0.5375	0.0649	15.4150	0.0349	28.6765
22	1.9161	0.5219	0.0627	15.9369	0.0327	30.5368
23	1.9736	0.5067	0.0608	16.4436	0.0308	32.4529
24	2.0328	0.4919	0.0590	16.9355	0.0290	34.4265
25	2.0938	0.4776	0.0574	17.4131	0.0274	36.4593
26	2.1566	0.4637	0.0559	17.8768	0.0259	38.5530
27	2.2213	0.4502	0.0546	18.3270	0.0246	40.7096
28	2.2879	0.4371	0.0533	18.7641	0.0233	42.9309
29	2.3566	0.4243	0.0521	19.1885	0.0221	45.2189
30	2.4273	0.4120	0.0510	19.6004	0.0210	47.5754
50	4.3839	0.2281	0.0389	25.7298	0.0089	112.7969
100	19.2186	0.0520	0.0316	31.5989	0.0016	607.2877

期数	一次性支付相关系数		多期分付相关系数			
	(F/P,i,n)	(P/F,i,n)	(A/P,i,n)	(P/A,i,n)	(A/F,i,n)	(F/A,i,n)
1	1.0400	0.9615	1.0400	0.9615	1.0000	1.0000
2	1.0816	0.9246	0.5302	1.8861	0.4902	2.0400
3	1.1249	0.8890	0.3603	2.7751	0Ã.3203	3.1216
4	1.1699	0.8548	0.2755	3.6299	0.2355	4.2465
5	1.2167	0.8219	0.2246	4.4518	0.1846	5.4163
6	1.2653	0.7903	0.1908	5.2421	0.1508	6.6330
7	1.3159	0.7599	0.1666	6.0021	0.1266	7.8983
8	1.3686	0.7307	0.1485	6.7327	0.1085	9.2142
9	1.4233	0.7026	0.1345	7.4353	0.0945	10.5828
10	1.4802	0.6756	0.1233	8.1109	0.0833	12.0061
11	1.5395	0.6496	0.1141	8.7605	0.0741	13.4864
12	1.6010	0.6246	0.1066	9.3851	0.0666	15.0258
13	1.6651	0.6006	0.1001	9.9856	0.0601	16.6268
14	1.7317	0.5775	0.0947	10.5631	0.0547	18.2919
15	1.8009	0.5553	0.0899	11.1184	0.0499	20.0236
16	1.8730	0.5339	0.0858	11.6523	0.0458	21.8245
17	1.9479	0.5134	0.0822	12.1657	0.0422	23.6975
18	2.0258	0.4936	0.0790	12.6593	0.0390	25.6454
19	2.1068	0.4746	0.0761	13.1339	0.0361	27.6712
20	2.1911	0.4564	0.0736	13.5903	0.0336	29.7781
21	2.2788	0.4388	0.0713	14.0292	0.0313	31.9692
22	2.3699	0.4220	0.0692	14.4511	0.0292	34.2480
23	2.4647	0.4057	0.0673	14.8568	0.0273	36.6179
24	2.5633	0.3901	0.0656	15.2470	0.0256	39.0826
25	2.6658	0.3751	0.0640	15.6221	0.0240	41.6459
26	2.7725	0.3607	0.0626	15.9828	0.0226	44.3117
27	2.8834	0.3468	0.0612	16.3296	0.0212	47.0842
28	2.9987	0.3335	0.0600	16.6631	0.0200	49.9676
29	3.1187	0.3207	0.0589	16.9837	0.0189	52.9663
30	3.2434	0.3083	0.0578	17.2920	0.0178	56.0849
50	7.1067	0.1407	0.0466	21.4822	0.0066	152.6671
100	50.5049	0.0198	0.0408	24.5050	0.0008	1237.6237

利率 4%

期数	一次性支付相关系数		多期分付相关系数			
	$(F/P,i,n)$	$(P/F,i,n)$	$(A/P,i,n)$	$(P/A,i,n)$	$(A/F,i,n)$	$(F/A,i,n)$
1	1.0500	0.9524	1.0500	0.9524	1.0000	1.0000
2	1.1025	0.9070	0.5378	1.8594	0.4878	2.0500
3	1.1576	0.8638	0.3672	2.7232	0.3172	3.1525
4	1.2155	0.8227	0.2820	3.5460	0.2320	4.3101
5	1.2763	0.7835	0.2310	4.3295	0.1810	5.5256
6	1.3401	0.7462	0.1970	5.0757	0.1470	6.8019
7	1.4071	0.7107	0.1728	5.7864	0.1228	8.1420
8	1.4775	0.6768	0.1547	6.4632	0.1047	9.5491
9	1.5513	0.6446	0.1407	7.1078	0.0907	11.0266
10	1.6289	0.6139	0.1295	7.7217	0.0795	12.5779
11	1.7103	0.5847	0.1204	8.3064	0.0704	14.2068
12	1.7959	0.5568	0.1128	8.8633	0.0628	15.9171
13	1.8856	0.5303	0.1065	9.3936	0.0565	17.7130
14	1.9799	0.5051	0.1010	9.8986	0.0510	19.5986
15	2.0789	0.4810	0.0963	10.3797	0.0463	21.5786
16	2.1829	0.4581	0.0923	10.8378	0.0423	23.6575
17	2.2920	0.4363	0.0887	11.2741	0.0387	25.8404
18	2.4066	0.4155	0.0855	11.6896	0.0355	28.1324
19	2.5270	0.3957	0.0827	12.0853	0.0327	30.5390
20	2.6533	0.3769	0.0802	12.4622	0.0302	33.0660
21	2.7860	0.3589	0.0780	12.8212	0.0280	35.7193
22	2.9253	0.3418	0.0760	13.1630	0.0260	38.5052
23	3.0715	0.3256	0.0741	13.4886	0.0241	41.4305
24	3.2251	0.3101	0.0725	13.7986	0.0225	44.5020
25	3.3864	0.2953	0.0710	14.0939	0.0210	47.7271
26	3.5557	0.2812	0.0696	14.3752	0.0196	51.1135
27	3.7335	0.2678	0.0683	14.6430	0.0183	54.6691
28	3.9201	0.2551	0.0671	14.8981	0.0171	58.4026
29	4.1161	0.2429	0.0660	15.1411	0.0160	62.3227
30	4.3219	0.2314	0.0651	15.3725	0.0151	66.4388
50	11.4674	0.0872	0.0548	18.2559	0.0048	209.3480
100	131.5013	0.0076	1.0500	19.8479	0.0004	2610.0252

利率 5%

续表五

	一次性支付相关系数		多期分付相关系数			
期数	$(F/P,i,n)$	$(P/F,i,n)$	$(A/P,i,n)$	$(P/A,i,n)$	$(A/F,i,n)$	$(F/A,i,n)$
1	1.0600	0.9434	1.0600	0.9434	1.0000	1.0000
2	1.1236	0.8900	0.5454	1.8334	0.4854	2.0600
3	1.1910	0.8396	0.3741	2.6730	0.3141	3.1836
4	1.2625	0.7921	0.2886	3.4651	0.2286	4.3746
5	1.3382	0.7473	0.2374	4.2124	0.1774	5.6371
6	1.4185	0.7050	0.2034	4.9173	0.1434	6.9753
7	1.5036	0.6651	0.1791	5.5824	0.1191	8.3938
8	1.5938	0.6274	0.1610	6.2098	0.1010	9.8975
9	1.6895	0.5919	0.1470	6.8017	0.0870	11.4913
10	1.7908	0.5584	0.1359	7.3601	0.0759	13.1808
11	1.8983	0.5268	0.1268	7.8869	0.0668	14.9716
12	2.0122	0.4970	0.1193	8.3838	0.0593	16.8699
13	2.1329	0.4688	0.1130	8.8527	0.0530	18.8821
14	2.2609	0.4423	0.1076	9.2950	0.0476	21.0151
15	2.3966	0.4173	0.1030	9.7122	0.0430	23.2760
16	2.5404	0.3936	0.0990	10.1059	0.0390	25.6725
17	2.6928	0.3714	0.0954	10.4773	0.0354	28.2129
18	2.8543	0.3503	0.0924	10.8276	0.0324	30.9057
19	3.0256	0.3305	0.0896	11.1581	0.0296	33.7600
20	3.2071	0.3118	0.0872	11.4699	0.0272	36.7856
21	3.3996	0.2942	0.0850	11.7641	0.0250	39.9927
22	3.6035	0.2775	0.0830	12.0416	0.0230	43.3923
23	3.8197	0.2618	0.0813	12.3034	0.0213	46.9958
24	4.0489	0.2470	0.0797	12.5504	0.0197	50.8156
25	4.2919	0.2330	0.0782	12.7834	0.0182	54.8645
26	4.5494	0.2198	0.0769	13.0032	0.0169	59.1564
27	4.8223	0.2074	0.0757	13.2105	0.0157	63.7058
28	5.1117	0.1956	0.0746	13.4062	0.0146	68.5281
29	5.4184	0.1846	0.0736	13.5907	0.0136	73.6398
30	5.7435	0.1741	0.0726	13.7648	0.0126	79.0582
50	18.4202	0.0543	0.0634	15.7619	0.0034	290.3359
100	339.3021	0.0029	0.0602	16.6175	0.0002	5638.3681

利率 6%

期数	一次性支付相关系数		多期分付相关系数			
	(F/P,i,n)	(P/F,i,n)	(A/P,i,n)	(P/A,i,n)	(A/F,i,n)	(F/A,i,n)
				利率8%		
1	1.0800	0.9259	1.0800	0.9259	1.0000	1.0000
2	1.1664	0.8573	0.5608	1.7833	0.4808	2.0800
3	1.2597	0.7938	0.3880	2.5771	0.3080	3.2464
4	1.3605	0.7350	0.3019	3.3121	0.2219	4.5061
5	1.4693	0.6806	0.2505	3.9927	0.1705	5.8666
6	1.5869	0.6302	0.2163	4.6229	0.1363	7.3359
7	1.7138	0.5835	0.1921	5.2064	0.1121	8.9228
8	1.8509	0.5403	0.1740	5.7466	0.0940	10.6366
9	1.9990	0.5002	0.1601	6.2469	0.0801	12.4876
10	2.1589	0.4632	0.1490	6.7101	0.0690	14.4866
11	2.3316	0.4289	0.1401	7.1390	0.0601	16.6455
12	2.5182	0.3971	0.1327	7.5361	0.0527	18.9771
13	2.7196	0.3677	0.1265	7.9038	0.0465	21.4953
14	2.9372	0.3405	0.1213	8.2442	0.0413	24.2149
15	3.1722	0.3152	0.1168	8.5595	0.0368	27.1521
16	3.4259	0.2919	0.1130	8.8514	0.0330	30.3243
17	3.7000	0.2703	0.1096	9.1216	0.0296	33.7502
18	3.9960	0.2502	0.1067	9.3719	0.0267	37.4502
19	4.3157	0.2317	0.1041	9.6036	0.0241	41.4463
20	4.6610	0.2145	0.1019	9.8181	0.0219	45.7620
21	5.0338	0.1987	0.0998	10.0168	0.0198	50.4229
22	5.4365	0.1839	0.0980	10.2007	0.0180	55.4568
23	5.8715	0.1703	0.0964	10.3711	0.0164	60.8933
24	6.3412	0.1577	0.0950	10.5288	0.0150	66.7648
25	6.8485	0.1460	0.0937	10.6748	0.0137	73.1059
26	7.3964	0.1352	0.0925	10.8100	0.0125	79.9544
27	7.9881	0.1252	0.0914	10.9352	0.0114	87.3508
28	8.6271	0.1159	0.0905	11.0511	0.0105	95.3388
29	9.3173	0.1073	0.0896	11.1584	0.0096	103.9659
30	10.0627	0.0994	0.0888	11.2578	0.0088	113.2832
50	46.9016	0.0213	0.0817	12.2335	0.0017	573.7702

期数	一次性支付相关系数		多期分付相关系数			
	$(F/P,i,n)$	$(P/F,i,n)$	$(A/P,i,n)$	$(P/A,i,n)$	$(A/F,i,n)$	$(F/A,i,n)$
1	1.1000	0.9091	1.1000	0.9091	1.0000	1.0000
2	1.2100	0.8264	0.5762	1.7355	0.4762	2.1000
3	1.3310	0.7513	0.4021	2.4869	0.3021	3.3100
4	1.4641	0.6830	0.3155	3.1699	0.2155	4.6410
5	1.6105	0.6209	0.2638	3.7908	0.1638	6.1051
6	1.7716	0.5645	0.2296	4.3553	0.1296	7.7156
7	1.9487	0.5132	0.2054	4.8684	0.1054	9.4872
8	2.1436	0.4665	0.1874	5.3349	0.0874	11.4359
9	2.3579	0.4241	0.1736	5.7590	0.0736	13.5795
10	2.5937	0.3855	0.1627	6.1446	0.0627	15.9374
11	2.8531	0.3505	0.1540	6.4951	0.0540	18.5312
12	3.1384	0.3186	0.1468	6.8137	0.0468	21.3843
13	3.4523	0.2897	0.1408	7.1034	0.0408	24.5227
14	3.7975	0.2633	0.1357	7.3667	0.0357	27.9750
15	4.1772	0.2394	0.1315	7.6061	0.0315	31.7725
16	4.5950	0.2176	0.1278	7.8237	0.0278	35.9497
17	5.0545	0.1978	0.1247	8.0216	0.0247	40.5447
18	5.5599	0.1799	0.1219	8.2014	0.0219	45.5992
19	6.1159	0.1635	0.1195	8.3649	0.0195	51.1591
20	6.7275	0.1486	0.1175	8.5136	0.0175	57.2750
21	7.4002	0.1351	0.1156	8.6487	0.0156	64.0025
22	8.1403	0.1228	0.1140	8.7715	0.0140	71.4027
23	8.9543	0.1117	0.1126	8.8832	0.0126	79.5430
24	9.8497	0.1015	0.1113	8.9847	0.0113	88.4973
25	10.8347	0.0923	0.1102	9.0770	0.0102	98.3471
26	11.9182	0.0839	0.1092	9.1609	0.0092	109.1818
27	13.1100	0.0763	0.1083	9.2372	0.0083	121.0999
28	14.4210	0.0693	0.1075	9.3066	0.0075	134.2099
29	15.8631	0.0630	0.1067	9.3696	0.0067	148.6309
30	17.4494	0.0573	0.1061	9.4269	0.0061	164.4940
50	117.3909	0.0085	0.1009	9.9148	0.0009	1163.9085

利率 10%

期数	一次性支付相关系数		多期分付相关系数			
	$(F/P,i,n)$	$(P/F,i,n)$	$(A/P,i,n)$	$(P/A,i,n)$	$(A/F,i,n)$	$(F/A,i,n)$

利率 12%

期数	$(F/P,i,n)$	$(P/F,i,n)$	$(A/P,i,n)$	$(P/A,i,n)$	$(A/F,i,n)$	$(F/A,i,n)$
1	1.1200	0.8929	1.1200	0.8929	1.0000	1.0000
2	1.2544	0.7972	0.5917	1.6901	0.4717	2.1200
3	1.4049	0.7118	0.4163	2.4018	0.2963	3.3744
4	1.5735	0.6355	0.3292	3.0373	0.2092	4.7793
5	1.7623	0.5674	0.2774	3.6048	0.1574	6.3528
6	1.9738	0.5066	0.2432	4.1114	0.1232	8.1152
7	2.2107	0.4523	0.2191	4.5638	0.0991	10.0890
8	2.4760	0.4039	0.2013	4.9676	0.0813	12.2997
9	2.7731	0.3606	0.1877	5.3282	0.0677	14.7757
10	3.1058	0.3220	0.1770	5.6502	0.0570	17.5487
11	3.4785	0.2875	0.1684	5.9377	0.0484	20.6546
12	3.8960	0.2567	0.1614	6.1944	0.0414	24.1331
13	4.3635	0.2292	0.1557	6.4235	0.0357	28.0291
14	4.8871	0.2046	0.1509	6.6282	0.0309	32.3926
15	5.4736	0.1827	0.1468	6.8109	0.0268	37.2797
16	6.1304	0.1631	0.1434	6.9740	0.0234	42.7533
17	6.8660	0.1456	0.1405	7.1196	0.0205	48.8837
18	7.6900	0.1300	0.1379	7.2497	0.0179	55.7497
19	8.6128	0.1161	0.1358	7.3658	0.0158	63.4397
20	9.6463	0.1037	0.1339	7.4694	0.0139	72.0524
21	10.8038	0.0926	0.1322	7.5620	0.0122	81.6987
22	12.1003	0.0826	0.1308	7.6446	0.0108	92.5026
23	13.5523	0.0738	0.1296	7.7184	0.0096	104.6029
24	15.1786	0.0659	0.1285	7.7843	0.0085	118.1552
25	17.0001	0.0588	0.1275	7.8431	0.0075	133.3339
26	19.0401	0.0525	0.1267	7.8957	0.0067	150.3339
27	21.3249	0.0469	0.1259	7.9426	0.0059	169.3740
28	23.8839	0.0419	0.1252	7.9844	0.0052	190.6989
29	26.7499	0.0374	0.1247	8.0218	0.0047	214.5828
30	29.9599	0.0334	0.1241	8.0552	0.0041	241.3327
50	289.0022	0.0035	0.1204	8.3045	0.0004	2400.0182

期数	一次性支付相关系数		多期分付相关系数			
	$(F/P,i,n)$	$(P/F,i,n)$	$(A/P,i,n)$	$(P/A,i,n)$	$(A/F,i,n)$	$(F/A,i,n)$
1	1.1500	0.8696	1.1500	0.8696	1.0000	1.0000
2	1.3225	0.7561	0.6151	1.6257	0.4651	2.1500
3	1.5209	0.6575	0.4380	2.2832	0.2880	3.4725
4	1.7490	0.5718	0.3503	2.8550	0.2003	4.9934
5	2.0114	0.4972	0.2983	3.3522	0.1483	6.7424
6	2.3131	0.4323	0.2642	3.7845	0.1142	8.7537
7	2.6600	0.3759	0.2404	4.1604	0.0904	11.0668
8	3.0590	0.3269	0.2229	4.4873	0.0729	13.7268
9	3.5179	0.2843	0.2096	4.7716	0.0596	16.7858
10	4.0456	0.2472	0.1993	5.0188	0.0493	20.3037
11	4.6524	0.2149	0.1911	5.2337	0.0411	24.3493
12	5.3503	0.1869	0.1845	5.4206	0.0345	29.0017
13	6.1528	0.1625	0.1791	5.5831	0.0291	34.3519
14	7.0757	0.1413	0.1747	5.7245	0.0247	40.5047
15	8.1371	0.1229	0.1710	5.8474	0.0210	47.5804
16	9.3576	0.1069	0.1679	5.9542	0.0179	55.7175
17	10.7613	0.0929	0.1654	6.0472	0.0154	65.0751
18	12.3755	0.0808	0.1632	6.1280	0.0132	75.8364
19	14.2318	0.0703	0.1613	6.1982	0.0113	88.2118
20	16.3665	0.0611	0.1598	6.2593	0.0098	102.4436
21	18.8215	0.0531	0.1584	6.3125	0.0084	118.8101
22	21.6447	0.0462	0.1573	6.3587	0.0073	137.6316
23	24.8915	0.0402	0.1563	6.3988	0.0063	159.2764
24	28.6252	0.0349	0.1554	6.4338	0.0054	184.1678
25	32.9190	0.0304	0.1547	6.4641	0.0047	212.7930
26	37.8568	0.0264	0.1541	6.4906	0.0041	245.7120
27	43.5353	0.0230	0.1535	6.5135	0.0035	283.5688
28	50.0656	0.0200	0.1531	6.5335	0.0031	327.1041
29	57.5755	0.0174	0.1527	6.5509	0.0027	377.1697
30	66.2118	0.0151	0.1523	6.5660	0.0023	434.7451
50	1083.6574	0.0009	0.1501	6.6605	0.0001	7217.7163

利率 15%

续表十

期数	一次性支付相关系数		多期分付相关系数			
	$(F/P,i,n)$	$(P/F,i,n)$	$(A/P,i,n)$	$(P/A,i,n)$	$(A/F,i,n)$	$(F/A,i,n)$
1	1.2000	0.8333	1.2000	0.8333	1.0000	1.0000
2	1.4400	0.6944	0.6545	1.5278	0.4545	2.2000
3	1.7280	0.5787	0.4747	2.1065	0.2747	3.6400
4	2.0736	0.4823	0.3863	2.5887	0.1863	5.3680
5	2.4883	0.4019	0.3344	2.9906	0.1344	7.4416
6	2.9860	0.3349	0.3007	3.3255	0.1007	9.9299
7	3.5832	0.2791	0.2774	3.6046	0.0774	12.9159
8	4.2998	0.2326	0.2606	3.8372	0.0606	16.4991
9	5.1598	0.1938	0.2481	4.0310	0.0481	20.7989
10	6.1917	0.1615	0.2385	4.1925	0.0385	25.9587
11	7.4301	0.1346	0.2311	4.3271	0.0311	32.1504
12	8.9161	0.1122	0.2253	4.4392	0.0253	39.5805
13	10.6993	0.0935	0.2206	4.5327	0.0206	48.4966
14	12.8392	0.0779	0.2169	4.6106	0.0169	59.1959
15	15.4070	0.0649	0.2139	4.6755	0.0139	72.0351
16	18.4884	0.0541	0.2114	4.7296	0.0114	87.4421
17	22.1861	0.0451	0.2094	4.7746	0.0094	105.9306
18	26.6233	0.0376	0.2078	4.8122	0.0078	128.1167
19	31.9480	0.0313	0.2065	4.8435	0.0065	154.7400
20	38.3376	0.0261	0.2054	4.8696	0.0054	186.6880
21	46.0051	0.0217	0.2044	4.8913	0.0044	225.0256
22	55.2061	0.0181	0.2037	4.9094	0.0037	271.0307
23	66.2474	0.0151	0.2031	4.9245	0.0031	326.2369
24	79.4968	0.0126	0.2025	4.9371	0.0025	392.4842
25	95.3962	0.0105	0.2021	4.9476	0.0021	471.9811
26	114.4755	0.0087	0.2018	4.9563	0.0018	567.3773
27	137.3706	0.0073	0.2015	4.9636	0.0015	681.8528
28	164.8447	0.0061	0.2012	4.9697	0.0012	819.2233
29	197.8136	0.0051	0.2010	4.9747	0.0010	984.0680
30	237.3763	0.0042	0.2008	4.9789	0.0008	1181.8816

利率 20%

参 考 文 献

[1]　刘新梅，孙卫，许晓雯. 深化高等工程教育改革培养复合型工程技术人才：关于工科学生开设"工程经济学"系列课程的总体构想[J]. 西安：西安交通大学学报(社会科学版)，1999，19(4)：58-60，65.

[2]　BLANK L，TARQUIN A. Engineering Economy[M]. 5th ed. New York：McGraw-Hill，2002.

[3]　贺竹磬. 高速公路企业可持续发展[M]. 北京：人民交通出版社，2010.

[4]　黄喜兵，颜笑春. 工程经济学[M]. 成都：西南交通大学出版社，2011.

[5]　刘亚臣，王静. 工程经济学[M]. 4 版.大连：大连理工大学出版社，2013.

[6]　魏法杰，王玉灵，郑筼. 工程经济学[M]. 2 版. 北京：电子工业出版社，2013.

[7]　赵艳华，窦艳杰. 工程经济学[M]. 北京：清华大学出版社，2014.

[8]　曾淑君，高洁. 工程经济学[M]. 南京：东南大学出版社，2014.

[9]　武献华，宋维佳，屈哲. 工程经济学[M]. 4 版. 大连：东北财经大学出版社，2015.

[10]　李长花，王艳丽，段宗志. 工程经济学[M]. 武汉：武汉大学出版社，2015.

[11]　王飞. 工程经济学与案例分析[M]. 北京：高等教育出版社，2015.

[12]　吴锋，叶锋. 工程经济学[M]. 2 版. 北京：机械工业出版社，2015.

[13]　于立君，郝利光. 工程经济学[M]. 3 版. 北京：机械工业出版社，2016.

[14]　胡斌. 工程经济学[M]. 北京：清华大学出版社，2016.

[15]　王宏. 工程经济学[M]. 北京：中国铁道出版社，2016.

[16]　王贵春. 工程经济学[M]. 重庆：重庆大学出版社，2016.

[17]　井珉，刘阳冰，刘玉.Excel 在"工程经济学"案例教学中的应用[J]. 教育教学论坛，2016，(51)：180-181.

[18]　凤亚红. 工程经济学[M]. 徐州：中国矿业大学出版社，2020.

[19]　汪翼，于俭，丁祥海. 面向计算机实践的"工程经济学"教学实践研究[J]. 科教导刊，2021(7)：114-116.

[20]　李忻忻，李晶. 公路工程经济与管理[M]. 北京：人民交通出版社，2021.